工程项目的可持续建设与管理

韩 屹 著

北京工业大学出版社

图书在版编目（CIP）数据

工程项目的可持续建设与管理 / 韩屹著. — 北京：
北京工业大学出版社，2019.11（2021.5 重印）
ISBN 978-7-5639-7207-4

Ⅰ．①工… Ⅱ．①韩… Ⅲ．①工程项目管理 Ⅳ．
① F284

中国版本图书馆 CIP 数据核字（2019）第 262252 号

工程项目的可持续建设与管理

著　　者：韩　屹
责任编辑：乔爱肖
封面设计：点墨轩阁
出版发行：北京工业大学出版社
　　　　　（北京市朝阳区平乐园 100 号　邮编：100124）
　　　　　010-67391722（传真）　bgdcbs@sina.com
经销单位：全国各地新华书店
承印单位：三河市明华印务有限公司
开　　本：787 毫米 ×1092 毫米　1/16
印　　张：12.25
字　　数：245 千字
版　　次：2019 年 11 月第 1 版
印　　次：2021 年 5 月第 2 次印刷
标准书号：ISBN 978-7-5639-7207-4
定　　价：52.00 元

前　言

　　自从布伦特兰夫人首次提出完整的可持续发展概念以来，可持续发展理论在全球范围内得到了长足的发展，并且已经成为人类发展的主流价值取向。建筑工程的建设与使用，虽然在很大程度上满足了居民的生活生产需求，但也消耗了大量的材料与资源。随着环境恶化与资源枯竭问题的日益严重，建筑业的高资源消耗、高环境负荷等属性使得在建筑业推行可持续发展理念尤为迫切。可持续建设理论的出现为我们寻找到了一条在建筑业微观层面（即工程项目层面）切实贯彻可持续发展理念的有效途径。但是，当前我国建筑业生产活动依然遵循着传统的范式，其中的种种问题严重制约了"可持续建设"在我国的推行。要真正确保可持续建设在"工程项目层面"上得以实现，在建筑工程项目管理工作中，要加强对可持续发展理念的应用，在确保工程质量的前提下，实现节约资源、保护环境的重要目的。

　　本书立足于实践，结合了工程项目可持续建设发展的需求，对工程项目的可持续建设与管理知识做了探讨，主要内容包括：可持续建设的理念、工程项目可持续建设与管理、工程项目可持续建设策划与设计、工程项目的可持续建设材料使用、工程项目可持续的招标与投标管理、工程项目的可持续施工管理、工程项目可持续施工的安全和环境管理、工程项目的可持续管理。本书旨在通过对工程项目建设、管理等问题的研究，为工程项目的可持续发展提供建议与指导。

　　本书内容全面、语言简明、通俗易懂，能够为工程项目建设与管理人员的能力水平提高提供指导。由于成书时间仓促，书中难免存在疏漏之处，望广大读者给予批评指正。

目 录

第一章　可持续建设的理念

第一节　可持续建设的发展

可持续建设并非从天而降，它实质上是可持续发展思想在建筑领域的延伸。回顾早期建筑史上曾经有过的生态建筑思想萌芽，就可以发现可持续建设在形成过程中受到了早已存在的建设思想的影响和推动。可以说可持续建设经过了一个长期演变、发展的过程。了解人与自然曾经是如何和谐共处的，了解建筑理论的发展历程，对于深刻理解和把握可持续建设大有裨益。

一、可持续发展理论的形成

从工业革命开始，生产力得到了极大的提高，人类创造了辉煌的现代工业文明。但与此同时，片面追求经济增长的发展模式，一味滥用自然资源和破坏生态环境，也使地球资源过度消耗，生态环境日益恶化。早在 20 世纪 50 ～ 60 年代，人们就对增长—发展的模式展开了一系列讨论，至今已寻找到一条既能保证经济、社会永续发展，又能维护生态环境良性循环的全新发展道路——可持续发展道路。可持续发展概念及理论的形成标志着人类文明达到了一个新的阶段，不过，它的形成也经历了相当长的历史过程。

1962 年，美国生物学家蕾切尔·卡逊（Rachel Carson）发表《寂静的春天》，描绘了一幅由于农药污染所产生的可怕景象，在世界范围内引发了人类关于发展观的争论。

1972 年，国际著名学术团体——"罗马俱乐部"出版《增长的极限》一书，明确提出"持续增长"和"合理的持久的均衡发展"的概念。该书通过对全球发展模型的分析指出，如果人类仍按照目前的速度发展的话，很快就会超出地球所能容纳的极限。该书的出版引起了人类对自身前途命运的关切。

1980 年，国际自然资源保护联合会（IUCN）、联合国环境规划署（UNEP）和世界自然基金会（WWF）联合发表《世界自然保护战略：为了可持续发展，保护生存的资源》，书中"可持续发展"一词首次作为术语被提出。

1987 年，世界环境与发展委员会（WCED）向联合国环境规划署提交了《我们共同的未来》的报告，第一次将环境问题与发展联系起来，并明确指出，目前严重的环境问题产生的根本原因就在于人类的发展方式和发展道路，正式提出可持续发展概念。

1992 年，在巴西召开的联合国环境与发展大会标志着可持续发展思想被广泛接受。会上签署的《气候变化框架公约》《生物多样性公约》两个国际公约和通过的《里约宣言》《21 世纪议程》《森林问题原则声明》三个重要文件都贯穿着可持续发展思想。这次会议为人类改变传统的发展模式和生活方式，实现社会、经济、资源和环境的可持续发展提出了建议，表明可持续发展已经成为全人类面向 21 世纪的共同选择。

2002 年，联合国可持续发展世界首脑会议于南非约翰内斯堡举行，从里约热内卢到约翰内斯堡，在提出"可持续发展"这一全新概念的 10 年里，80 多个国家把《21 世纪议程》的主要内容纳入国家发展规划，6000 多个城市在议程的指导下制定了远景目标，还有一些国家制订了国家级《21 世纪议程》。会议在回顾里约会议 10 年来可持续发展所取得进展的同时，总结了存在的问题，通过了《可持续发展问题世界首脑会议执行计划》，重申了对世界可持续发展具有奠基石作用的里约峰会的原则和进一步全面贯彻实施《21 世纪议程》的承诺，标志着可持续发展战略的实施进入了一个新阶段。

我国政府在 1994 年正式发布了《中国 21 世纪议程——中国 21 世纪人口、环境与发展白皮书》，1997 年党的十五大报告中提出了可持续发展战略，2001 年《中华人民共和国国民经济和社会发展"十五"计划纲要》将人口、资源和环境作为单独的一篇纳入纲要，并把可持续发展列为国民经济和社会发展的主要目标之一。2004 年，我国又提出要树立和落实科学的发展观。

可见，在平衡发展与环境关系方面，人类已经朝着可持续发展的方向迈出了尝试性的步伐。

（一）可持续发展的定义

由于可持续发展的概念最初是从生态学范畴引申而来的，当把它应用于更加广泛的经济学和社会学范畴时，便不可避免地导致了一些不同的认识与理解。

不同学科的专家学者往往从各自专业的角度去理解和研究可持续发展，从而出现了不同角度的多种定义。主要有以下几类。

1. 着重从生态、资源和环境保护角度定义可持续发展

可持续性的概念源于生态学，即所谓"生态持续性"（Ecological Sustainability），它主要是指自然资源及其开发利用程度之间的平衡。

1980 年，国际自然保护同盟（IUCN）在《世界自然保护大纲》一书中，从生态学角度，强调人类对生物圈的管理，使生物圈既能满足当代人的最大持续利益，又能保持其满足后代人需求与欲望的潜力。

美国生态学家福曼（Forman）认为可持续发展是指寻求一种最佳的生态系统以支撑生态的完整性和人类愿望的实现，使人类的生存环境得以持续。

1991年，国际自然保护同盟（IUCN）认为："可持续地使用，是指在其可再生能力（速度）的范围内使用一种有机生态系统或其他可再生资源"。同年，国际生态学联合会（INTECOL）和国际生物科学联合会（IUBS）进一步探讨了可持续发展的自然属性。将可持续发展定义为"保护和加强环境系统的生产更新能力"，即可持续发展是不超越环境系统再生能力的发展。

2. 着重从经济属性角度定义可持续发展

这类定义均把可持续发展的核心看成是经济发展。

从经济方面对可持续发展的定义最初由林达尔（Lindahl）提出，表述为"在不损害后代人的利益时，从资产中可能得到的最大利益"。

普龙克（Pronk）和哈格（Hag）在1992年对可持续发展的定义是"为全世界而不是为少数人的特权而提供公平机会的经济增长，不进一步消耗世界自然资源的绝对量和涵容能力"。

世界银行在《1992年世界发展报告》中称，可持续发展是"建立在成本效益比较和审慎的经济分析基础上的发展和环境政策，加强环境保护，从而导致福利的增加和可持续水平的提高"。

1993年英国经济学家皮尔斯（Pearce）和沃特福德（Warford）在其著作《世界无尽头：经济环境与可持续发展》（*World Without End：Economies Environment and Sustainable Development*）中将可持续发展定义为"当发展能够保证当代人的福利增加时，也不应使后代人的福利减少。"

1997年爱德华·B.巴比尔（Edward B. Barbier）在《经济、自然资源、不足和发展》中，把可持续发展定义为"在保护自然资源的质量和其所提供服务的前提下，使经济发展的净利益增加到最大限度"。

3. 着重从社会属性定义可持续发展

1991年国际自然保护同盟（IUCN）、联合国环境规划署（UNEP）和世界野生生物基金会（WWF）共同发表的《保护地球——可持续生存战略》一书中，对可持续发展定义为"在生存不超出维持生态系统涵容能力的情况下，提高人类的生活质量"，并进而提出了可持续生存的9条基本原则。

4. 着重从科学技术角度定义可持续发展

这类定义主要从技术选择的角度扩展了可持续发展。

司伯斯（James Gustave Spath）在其著作《环境：技术的绿色化》（*The Environment：The Greening of Technology*）中认为："可持续发展就是转向更清洁、更有效的技术，尽可能地接近'零排放'或'密闭式'工艺方法，尽可能减少能源和其他自然资源的消耗。"

世界资源研究所（The World Resource Institute）在 1992 年提出："可持续发展就是建立极少产生废料和污染物的工艺或技术系统。"

5. 从多角度对可持续发展的定义

1992 年的《马斯特里赫特条约》用以下四个概括性目标综合定义"可持续发展"：

① 维持、保护和发展环境质量；

② 保护人类健康；

③ 谨慎和合理使用自然资源；

④ 促进国际合作机制，共同处理全球性问题和环境问题。

国际标准化组织（ISO）对可持续性的定义是："为千秋万代保留生态系统的构成和功能"，并且确认下列因素：环境、社会、经济。由上可见，研究可持续发展的角度很多，但可持续发展既不是单纯的经济持续发展或社会持续发展，也不是单纯的自然生态的持续发展。目前，为全世界各国所接受和运用的概念是世界环境与发展委员会（WCED）对可持续发展的定义："既满足当代人的需求，又不对后代人满足其自身需求的能力构成危害的发展"。它的核心是维护社会的安全与公正、可持续的经济发展以及保护和创造一个完美的环境，即经济可行性、社会可接受性和环境亲和性，如图 1-1。

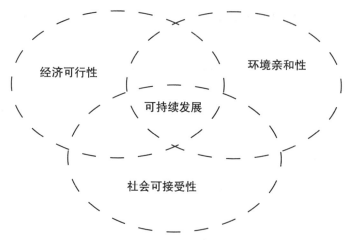

图1-1 可持续发展内涵

（二）可持续发展的内涵

《21 世纪议程》将可持续发展的内涵概括为：资源环境的可持续发展、经济的可持续发展和社会的可持续发展三方面的和谐统一。

1. 资源环境的可持续发展

资源环境的可持续是可持续发展的基础。它要求以保护自然为基础，与资源和环境的承载能力相适应。在发展的同时，必须保护环境，包括控制环境污染、制造最少废弃物、创造健康无毒的环境、保护生物多样性和地球生态的完整性，保证以持续的方式使用可再生资源，使人类的发展保持在地球承载能力之内。

2. 经济的可持续发展

经济的可持续是可持续发展的前提。因为只有经济的可持续发展才能保证人类的存在和继续发展，推动社会发展与进步，并为资源环境的维护与开发利用提供必要的科技条件与物质基础，它不仅要求增长数量，更追求改善质量、提高效益，在充分承认并考虑整个生态环境价值与成本的前提下，保证生态资源持续利用和减轻环境污染，增加社会财富和福利。

3. 社会的可持续发展

社会可持续是可持续发展的最终目的。其本质是改善人类生活质量，提高人类健康水平，创造一个人人平等、自由和免受暴力，人人享有教育权和发展权的社会环境。

可持续发展在充分认识环境与资源问题的基础上，妥善处理好了人类长期发展与当前利益之间的矛盾，从理论上结束了长期以来把发展经济与保护环境资源相对立的错误观点，指出它们应当是相互联系和互为因果的，并特别指出了环境和自然资源的长期承载能力对发展进程的重要性以及发展对改善生活质量的重要性。图 1-2 所示的库兹涅茨环境曲线，表明人类必须将发展的欲望限制在生态平衡线以下才能保证生态环境的正常循环过程。

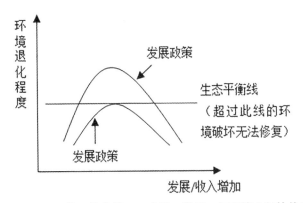

图1-2　库兹涅茨环境曲线——政策、发展、与环境之间的关系

二、可持续建设的提出

20 世纪 60 年代，在环境运动的推动下，人们开始认识到全球性的污染问题和资源的有限性，"高投入、高消耗、高排放"的建筑业逐渐成为关注的重点。

随着地球资源的过度消耗、生态的急剧破坏和环境的日益恶化，可持续发展给建筑业带来越来越多的压力与挑战，节能节地建筑、生态建筑以至近来形成的绿色建筑，都是可持续建设理念的不同角度在建筑中应用的表现。

人们对建筑业可持续发展的研究开始以资源环境观为基础。随着对节约能源、保护资源和充分利用材料等环境意识的提高，建筑师逐渐改变设计观念，把可再生能源利用、节能技术等逐步融入建筑设计中：1992 年，建筑师提出了 3R 的设计原则，即减少不可再生能源和资源的使用（Reduce），尽量重复使用建筑构件或建筑产品（Reuse），加强对老旧建筑的修复和某些构成材料的重复使用（Recycle）。1993 年，美国出版的《可持续发展设计指导原则》一书列出了"可持续的建筑设计细则"。

近年来，随着可持续发展观的深入人心，建筑师又开始了对生态建筑、节能建筑、绿色建筑、可持续建筑等建筑技术的研究：1990 年，詹姆斯（Wings James）发表了《绿色建筑学：在建成环境中建筑学的角色》；1991 年，布兰达（Brenda）和罗八谷（Robea Vale）合著的《可持续建筑：为可持续发展而设计》问世；1992 年，理查德·克罗兹勒（Richard Kroszner）发表《生态建筑》；1994 年，克洛泽（M. J. Klose）发表《绿色建筑：可持续发展设计导引》；1996 年，劳拉（Laura）发表《生态建筑》；1997 年，英国学者凯瑟琳（Katharine）发表《生态技术——可持续建筑与高技术》等。

对可持续建设的推动有重要影响的会议有下列几个。

1976 年，在加拿大温哥华召开的联合国首届人居大会，提出"以可持续发展的方式提供住房、基础设施和服务"的目标，相继成立"联合办居委员会（CHS）"和"联合国人居中心（UNCHS）"，先后提出"反映可持续发展原则的人类住区政策建议"和"持续性住区"的开发规划、设计、建造和管理模式的具体建议。

1994 年召开的第一届可持续建设（Sustainable Construction，Green Building）国际会议上，提出了可持续建设的基本思想。

1996 年，联合国在里约热内卢召开第二次人居大会——城市问题首脑会议。会议讨论了具有全球性重要意义的两个主题："人人有适当的住房"和"城市化世界中的可持续人类居住区发展"。

1998 年，在加拿大温哥华召开以加拿大、美国、英国等多个西方发达国家参加的绿色建筑国际会议——"绿色建筑挑战 98"。会上总结了各国的建筑学者在绿色建筑及住区研究方面的成果和实践。

1999 年，在北京召开的第 20 届世界建筑师大会发布的《北京宪章》中明确要求将可持续发展作为建筑师和工程师在新世纪中的工作准则。同年，国际建筑研究与文献理事会（CIB）公布了名为《可持续建筑 21 世纪议程》的研究报告。该报告对 1995 年以来在可持续建筑领域进行的国际合作研究进行了全面总结。

随着与可持续建设相关的国际会议的召开，各类技术协会、研发组织也开始研究、制定相应的技术评估和产品认证体系。2000 年，在荷兰的马斯特里赫特召开了"可持续建筑 2000"（SB2000）国际会议。会议提出了促进建筑物环境特性评价方法技术发展的问题。并对多国研制的 GBTool 绿色建筑评价体系的使用进行了讨论。随后 2002 年 9 月在挪威举行的可持续建设（Sustainable Building 2002）会议以及 2005 年 3 月在日本举行的可持续建设（Sustainable Building 2005）会议上，GBTool 得到了进一步的讨论和完善。

与此同时，各种类型的可持续建筑及绿色建材在世界各国风行涌现，极大地推动了可持续建设的发展。最近几年出现的丹麦 Odense 的再生住房，美国佛罗里达州 Sarasota 的佛罗里达住房，奥斯汀和得克萨斯州的绿色建造者计划，以及欧洲和其他地方的一些项目，都标志着可持续建设新时代的到来。

我国对建筑业可持续发展的研究是从研究建筑节能开始的。1986 年颁布的"北方地区居住建筑节能设计"标志着我国节能建筑研究的开始。随后，1995 年建设部制定《建筑节能"九五"计划和 2010 年规划》，提出了节能三阶段。2004 年国家发展和改革委员会发布我国首个《节能中长期专项规划》。此外，我国还制定了一系列节能标准和规范，包括《住宅性能评定技术标准》《民用建筑节能设计标准（采暖居住建筑部分）》《夏热冬冷地区居住建筑节能设计标准》和 2005 年 7 月出台的《公共建筑节能设计标准》等。尽管节能只是可持续建设内涵中的一部分，这些设计标准的出台，却有力推进了可持续建设在我国的实施。

20 世纪 90 年代，可持续建设的概念被正式引入中国。1994 年我国政府发表了《中国 21 世纪议程——人口、环境与发展白皮书》，将人居环境的发展提高到国家发展战略的高度。

1996 年，在《中华人民共和国人类居住区发展报告》中，对进一步改善和提高居住环境质量提出了更高的要求。同年，国家自然科学基金会正式将"绿色建筑体系研究"列为"九五"计划重点资助课题。

2001 年建设部科技司会同清华大学、建设部科技发展促进中心、全国工商联住宅产业商会、哈尔滨工业大学等专家发布了我国第一部可持续建设评价体系——《中国生态住宅技术评估手册（2001 版）》。

2002 年 10 月，"绿色奥运建筑评估体系研究"课题立项，并于 2004 年对外发表了《绿色奥运建筑评估体系》。同时，中国建设部颁布《全国绿色建筑创新奖管理办法》《全国绿色建筑创新奖实施细则（试行）》《全国绿色建筑创新奖评审要点》，标志着该奖从申报、评审到公示、授奖，走上了一条规范的道路。

2005 年底，建设部和科技部发布了《绿色建筑技术导则》，紧接着建设部又于 2006 年初发布了《绿色建筑评价标准》。前者是一个指导性技术大纲，涉及建筑生命周期各个阶段，为发展绿色建筑指明了方向和澄清了概念；后者为现阶段建造绿色建筑规定了深度和广度，即为界定绿色建筑提出了定性或定量的阈值。《绿色建筑评价标准》的实施，标志着绿色建筑在中国第一次给出了权威的定义和评判标准。

2006 年 3 月，国家科技部和建设部签署了"绿色建筑科技行动"合作协议，为绿色建筑技术发展和科技成果绿色建筑产业化奠定基础。

2007 年 8 月，住房和城乡建设部又出台了《绿色建筑评价技术细则（试行）》和《绿色建筑评价标识管理办法》，逐步完善适合中国国情的绿色建筑评价体系。

2009 年、2010 年分别启动了《绿色工业建筑评价标准》《绿色办公建筑评价标准》的编制工作。2012 年 5 月国家财政部发布《关于加快推动我国绿色建筑发展的实施意见》。

2013年，工信部与住建部联合发布《关于开展绿色农房建设的通知》，提出加快推进"安全实用、节能减废、经济美观、健康舒适"的绿色农房建设，推动"节能、减排、安全、便利和可循环"的绿色建材下乡。

2014年1月7日，住房城乡建设部发布《住房城乡建设部关于保障性住房实施绿色建筑行动的通知》，要求各地要高度重视，把实施绿色建筑行动作为转变住房发展方式、加强保障性住房质量管理、提升保障性住房品质的重点内容，积极推进。1月8日，住房城乡建设部发布《绿色保障性住房技术导则》，为贯彻绿色建筑行动方案，提高保障性住房的建设质量和居住品质，规范绿色保障性住房的建设。

2014年3月，住建部节能司发布《住房城乡建设部建筑节能与科技司2014年工作要点》，围绕贯彻落实党的十八大、十八届三中全会关于生态文明建设的战略部署和住房城乡建设领域中心工作，创新机制、整合资源、提高效率、突出重点、以点带面，积极探索集约、智能、绿色、低碳的新型城镇化发展道路，着力抓好建筑节能和绿色建筑的发展，努力发挥科技对提升行业发展水平的支撑和引领作用。

2015年2月，住房城乡建设部印发《绿色工业建筑评价技术细则》，规定了各行业评价绿色工业建筑需要达到的共性要求，一方面为绿色工业建筑的规划、设计、建设和管理提供了更加规范的具体指导，另一方面为绿色工业建筑标识的评价提供了更加明确的技术原则和评判依据，对于绿色工业建筑和相关评审工作的开展起到了较好的推进作用。

2017年，住建部发布《建筑节能与绿色建筑发展"十三五"规划》，旨在建设节能低碳、绿色生态、集约高效的建筑用能体系，推动住房城乡建设领域供给侧结构性改革。规划提出，"十三五"时期，建筑节能与绿色建筑发展的总体目标是：建筑节能标准加快提升，城镇新建建筑中绿色建筑推广比例大幅提高，既有建筑节能改造有序推进，可再生能源建筑应用规模逐步扩大，农村建筑节能实现新突破，使我国建筑总体能耗强度持续下降，建筑能源消费结构逐步改善，建筑领域绿色发展水平明显提高。

近年来建设部及各地方政府推出的多部针对建筑节能以及绿色生态建筑建设的法律规范和评价体系，完善了中国可持续建设的技术支撑，推动中国的可持续建设朝着规范化、多样化、地域化的方向健康发展。

第二节 可持续建设的概念研究

一、可持续建设的概念理解

1994年在美国佛罗里达召开的首届国际可持续建设大会上，查尔斯·凯博特（Charles J. Kibert）教授提出了"Sustainable Construction"的概念："采取有效利用资源和基于生态学的原则，以建立一种健康的建筑环境"。Sustainable Construction早期被翻译为"可持续建筑"。由于该研究领域的快速发展，其内涵已经远远超越了"建筑"这个实体，因此，越来越多的人将其翻译成可持续建设，但尽管有关工程项目可持续性的研究已进行多年，关于可持续建设的概念和内涵至今没有统一的定义，下面列举国外有关人士或机构对可持续建设的概念所做的有代表性的几种描述。

①联合国环境规划署（UNEP）认为可持续建设是"建筑行业将环境、社会经济和文化因素考虑在内，以实现可持续发展的途径。具体而言，它涉及建筑设计和管理、原料和建筑性能、能源和资源消耗等多个问题—所有这些都属于城市发展与管理范畴"。

②霍尔希姆（Holcim）可持续建设基金会则极力推行"三重底线"理论。该理论主张，要实现长期可持续发展，首先必须达到经济发展、环境保护和社会责任三个方面的平衡发展。基于这个理念，界定可持续建设的五项评选指标是：重大变革和可移植性、道德标准和社会平等、生态质量和能源保存、经济效能和适应性、支脉的呼应和美学影响。

③可持续建设：对健康的建筑环境的创造和管理，所谓"健康的建筑环境"是指资源高效利用并遵守生态法则。

④可持续建设可以被描述为可持续发展的子集，包括了场址的规划，材料的选择／回收和废弃物最小化等。

⑤可持续建设从全生命周期的角度，全盘思考建筑环境的建设和管理。它包含的不仅仅是以环境保护为导向的建筑设计，还包括友好型环境的维护；不仅包括材料以可持续的方式生产，还要求其使用必须符合环境保护的要求。

⑥ 1994 年召开的第一届可持续建设（Sustainable Construction，Green Building）国际会议上，查尔斯·凯博特教授提出了"可持续建设"的六个主要原则：a. 最小化资源消费；b. 最大化资源再利用；c. 使用可再生、再循环的资源；d. 保护自然环境；e. 创造无毒的环境；f. 在创造的建设环境中追求质量。查尔斯·凯博特提出的可持续建设概念模型如图 1-3 所示。

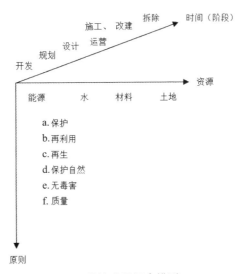

图1-3 可持续建设概念模型

图 1-3 中原则、资源和时间的交点是在使资源消耗最少和防止环境损坏方面应当做什么事的决策点。例如，在设计阶段，应当按照上述 6 条原则力求：用最少的材料；尽可能利用旧料和再生材料；确保所用材料的生产不会危害环境，不会产生有毒物质，也不会对室内环境产生潜在影响；确保材料高效利用。这个模型把可持续建设的许多问题联系了起来，从广泛而复杂问题提炼出一个简单的图形，使我们能从中领会到可持续建设的完整思想。

以上几个可持续建设的概念中所提到的资源消耗，生态质量，能源、资源高效利用，材料回收和废弃物处理，以及环境维护均从不同角度强调了可持续建设在环境保护方面应当承担的责任。其不同之处是：有的概念侧重通过经济、社会、资源环境三方面的平衡来实现可持续建设，有的侧重管理层面对建筑环境的建设和管理，还有的侧重从诸如材料选择、回收等具体的技术角度来考虑。

虽然在可持续建设的概念问题上，发达国家与发展中国家、理论工作者与实际工作者至今尚未达成完全的一致，但是，随着对这一问题的讨论越来越深入，在以下几方面已取得比较一致的认识。

第一，可持续建设是建筑业对可持续发展思想的一种回应，是一种建设理念，其实质在于处理好以下几方面的关系，即当前与未来的关系、人与自然的关系以及发展经济与保护环境的关系。

可持续建设的目标与可持续发展的目标是相通的，即降低能耗、提高资源利用率、减少污染、保护环境，使经济的发展在资源环境的承载力之内，并有利于居住者健康。在可持续建设的思想下，建筑业的可持续发展不再是建筑物本身的可持续发展，可持续建设作为建筑业的发展目标更需要从技术、经济和社会上全面思考，只有将环境、经济与社会系统的发展结合起来整体看待，可持续建设才具有实际意义。

第二，可持续建设的思想应贯穿工程项目生命周期的全过程，即从项目决策、设计、施工、运营维护（包括改建等）直至拆除的整个生命周期。

首先，工程项目生命周期中每一阶段的每一个环节，都会对环境产生不同程度的影响。其次，传统的工程建设中，各个建设阶段之间一般是相对割裂的，经常会出现诸如片面强调某个建设阶段的局部成本最小化而导致后期运营成本剧烈增加或对环境产生严重影响的情况。因此，可持续建设思想在强调工程项目各个环节管理的同时，要求考虑工程项目的整个生命周期。此外，可持续建设不仅要对建筑物的可持续性进行研究，还要对建筑材料、建筑废弃物等进行研究。这是因为，建筑材料从开采到运输、生产、利用直至建筑拆除都对环境产生影响。选用当地材料以减少运输过程中的能耗，改进和淘汰耗能大的生产工艺，在建筑的前期建造过程中预先考虑建筑寿命终结时拆除垃圾的处理问题，选用可再利用、可再循环的建材，都是可持续建设的要求。

第三，可持续建设使传统工程项目的目标发生变化。长期以来，成本、质量和进度一直是建筑业的三大目标。可持续建设理念的引入，使得建筑业开始考虑项目建设所带来的环境、经济和社会收益。

综上所述，可持续建设即在工程项目的决策、设计、施工、运营与维护（更新改造）、拆除（包括建筑材料、构件选择，设备生产、运输、安装等）整个生命周期中，用可持续发展的思想来指导工程项目的建设和使用，力求最大限度地实现不可再生资源的有效利用，既要达到发展经济和改善人们生活的目的，又要对环境的负面影响最小。

可持续建设要求在规划领域，首先强调辨识场地的生态特征和开发定位，以充分利用场地的资源和能源，减少不合理的建设活动对环境的影响，使建设与环境持续和谐相处；在设计领域，可持续建设采用建筑集成设计方法并遵守环境设计准则，将建筑物作为一个完整的系统，综合考虑建筑的间距朝向、形状、结构体系、围护结构等因素；在施工领域，可持续建设的目标是减少对环境造成的影响，通过采用具有环保意识的可持续施工方法，可持续建设的建造过程能够显著减少对周边环境的干扰，减少填埋废弃物的数量以及建造过程中消耗的自然资源数量，并将建筑物建成后对室内空气品质的不利影响减少到最低程度；在运行维护领域，可持续建设的技术和方法可以保证建筑规划设计目标的实现，通过合理的环境目标设定和智能化的系统控制，采用科学、适用的消费模式，可以减少运行过程中污染物的产生，提高建筑整体的运行效率。

在可持续建设的实施过程中，还需要注意以下问题。

①可持续建设的目标必须通过包括业主、设计单位、承包商、开发商、政府等在内的各方的共同努力才能实现。

②可持续建设的思想不仅仅用于新建建筑，对于既有建筑的改造问题也是可持续建设的重点问题之一。

③可持续建设的实施要建立在各国各地区特色的基础上。

在生命周期的每个阶段、每个环节都做到可持续建设在现阶段是不可能实现的，在可持续建设研究较早的一些发达国家，虽然都从整体上把握了可持续建设的原则，但是，可持续建设的最佳实践都是建立在本国城市实际情况的基础上，对可持续建设的内容各有侧重。本文按照城市规划、产品开发与设计、建造、运营、拆除来分类，选取了十个国外可持续建设的最佳实践范例。其中比利时以可持续社区为中心，法国强调建筑物本身的可持续特性，意大利重视对自然和古迹的保护并作为资源，日本突出构配件标准化与技术革新，罗马尼亚通过城市改造来提高生活质量，英国通过集成交通规划带动综合开发，爱尔兰以生态设计整合新技术，荷兰通过建立相应标准使各个工业部门参与进来，南非建立了相应的管理信息系统，芬兰强调生态适应性，并且合理安排不同相关利益人的角色。各国可持续建设的实践比较见表1-1。

表1-1 可持续建设实践比较

阶段	国家	原则	措施	战略	效果
城市规划	比利时	①社区中心 ②示范项目	①建立示范性项目 ②包括会议室，示范设施、创办新公司的空间、儿童博物馆等 ③周边地区有示范建筑和创办新公司的空间 ④在可持续建设框架体系下运作	①提高土地利用率，提供更多的开放空间和绿地 ②鼓励现有建筑的改造 ③提高适应性规则和与城市规划有关的新理念 ④提高废物预防和循环利用率 ⑤提高环境"税"（废物处理、放射物等） ⑥节约资源（能源、水、原材料） ⑦强调全生命周期分析和多标准评价建筑材料、服务、建筑等	①理顺优先次序 ②增强适应性 ③示范新技术 ④展示具体的产品和服务
	法国	视觉舒适度与整合	①对视觉舒适度这一问题作了特别研究 ②光轴位于每一建筑的中央	①坚持能源节约政策 ②改善空气质量 ③降低健康风险 ④改进废物管理 ⑤进行净水储备 ⑥节省建筑材料 ⑦开发评估方法 ⑧立即采取预防性措施和为建造过车工的必要变化做准备	光轴给平台、浴室和起居室带来了"第二光源"
	意大利	①自然保护 ②更新循环使用	①重新建立已有城市、农业和自然环境之间的关联 ②建立"能源生态电站"	①介绍规划和设计阶段可持续性和生态适应性的规则及标准 ②持续的和长期的教育 ③控制建设行为：可持续的和有责任心的建筑公司及制造商的定义 ④利用"人文和自然遗产"作为一种资源	①重新建立了循环流动及基础结构 ②产生了新的城市极
	日本	①构配件标准化 ②革新的技术	①"低技术"概念与"高技术"手段的融合 ②空气处理器，收集与传递热量 ③地板下的热能储蓄室 ④太阳能热水供应 ⑤白天、夜间或不同季节有不同运行模式 ⑥雨水循环 ⑦Old阳光体系的水精华系统 ⑧OM阳光体系的梁·柱/格板风格住宅	①开发环境管理系统 ②理解数据库重要性 ③最佳范例的推广 ④教育和培训 ⑤环境影响方法论的研究与普及 ⑥建立"建筑环境咨询"专家	①空气调节的全过程简便高效 ②空气流动的有效控制 ③太阳能热量昼蓄夜发 ④通过太阳能加热并提供热水 ⑤体现出更协调更有益的"主动式"的生活方式 ⑥满足日常水需求、有益环境 ⑦处理中水有利于生态保护 ⑧商品质的建造技术、外观雅致、经济合理

续表

阶段	国家	原则	措施	战略	效果
城市规划	罗马尼亚	①城市改造 ②改进生活质量	①基础是整修公路与街区 ②提高生活质量和改进景观	①接受共同的语言 ②用多种语言定义可持续发展的概念 ③对建筑评估方法的全世界范围的范例收集	①居住空间增加了25%～30% ②改善了隔热系统 ③提高了生活质量 ④更新了基础设施 ⑤具备新的储藏空间 ⑥增强了外部造型的美感
	英国	①集成交通规划 ②综合开发	①两个新公交线路以及个可能的新郊区铁路车站为居民提供公共交通服务设施 ②过去用来建停车场的土地现在用来建花园等休闲场所	①弥补规划系统的不足之处 ②可持续建设和再开发的金融手段 ③整修计划和水资源保护计划 ④整洁受污损土地的净化过程	提高建筑密度
产品开发和设计	爱尔兰	①生态设计 ②整合新技术	①休息处设计面南 ②"井"融在设计中 ③环境技术融入建筑设计中（包括PV CELLS、低污染、健康材料）	①组建一个高水平的国家调查组区检验这一理念（考虑人类和社会的发展） ②召开国家级可持续建设研讨会，以发现对这一理念的反响 ③建立一套指标体系 ④开发一个写作计划。提高人的意识和教育	①最大限度地吸收太阳能 ②"井"使得周围的蔬菜花园在一年内得到充分的灌溉。同时起到冷却的目的
建造	荷兰	①最佳范例 ②示范 ③标准 ④整体工业参与	①建筑业提出国家有关可持续建设的一揽子计划 ②一揽子计划包括160个非官方标准	①公共和私人的政策 ②管理和商务实践 ③新的设计标准和系统 ④建筑材料和系统的耐久性、可修复性及对产品的修正能力	①可持续建设并入"住宅法案"中 ②参与一揽子计划的人有更多的经验和技能指导这些标准什么时候能上升为国家标准
运营	南非	①管理系统	①相关的信息	①环境可持续性（土地、能源、水、建材） ②经济可持续性（竞争基础、减轻贫困） ③社会可持续性（公共参与、教育等） ④技术可持续性（决策支持、内在技术等）	①从不同的角度快速地理解和解释数据 ②信息充足

阶段	国家	原则	措施	战略	效果
拆除	芬兰	①生态适应性②就地取材	①对每一个人来讲是基本的且便宜的住房②主要由木材或当地木质产品建造	①建筑业主：考虑设计和维护阶段具体环境要求，把物业的价值考虑为生产力工具②使用者：认为环境质量是可供选择标准③客户：选择项目合作伙伴要依靠环境专家。确信业主考虑的环境目标④设计者：把建筑材料的环境质量作为首要考虑因素，优化设计过程，所涉及的大量可变因素估计的开发方法和工具⑤施工单位：认为全生命周期是产品开发的基础，在产品信息上强调环境质量，最小化产品建造过程的影响因素⑥承包商：把环境道德看作为竞争能力的因素之一，减少商业过程的环境影响⑦物业管理者：把环境意识作为竞争因素，对策划者和项目业主给以环境反馈信息⑧政府：建立一种考虑全生命周期的机制，所有建筑都要把环境作为一个考虑标准⑨研究人员：研制环境质量评价方法或手段，把考虑全生命周期和环境伦理作为建造过程的指导性原则	①提供未来50年的业主手册和服务指南②通过太阳得到热能和热水

二、可持续建设的相关概念

当我们将"可持续"一词运用到建筑领域时，"可持续发展"包含了多种概念，如节能省地、健康、生态、绿色等。可持续的建设（Sustainable Construction）铸造可持续的建筑（Sustainable Building），下面将对生态建筑、健康建筑、绿色建筑、可持续建筑的概念进行分析比较，以便于更好地了解"可持续建设"的内涵与外延。

①生态建筑。20世纪60年代，美籍意大利建筑师保罗·索勒瑞（Paola Soleri）把生态学（Ecology）和建筑学（Architecture）两个词合并为"Acologies"，首次提出了生态建筑的新理念。作为较早出现的比较明确体现可持续意识的建筑理论，生态建筑表现出现代人类对生态问题的极大关注。1999年北京UIA国际建筑师协会第二十届大会上提出的生态建筑的内涵为：社区与群体活动与环境相协调达到平衡的状态，其内容必须涵盖健康、节约、生态循环和场所微环境四大项目，并强调运用低科技自然手法为主的营建方式。建设部对生态建筑的定义是：尽可能利用建筑物当地的环境特色与相关的自然因素，比如地势、气候、阳光、空气、水流，使之符合人类居住，并且降低各种不利于人类身心的任何

环境因素作用，同时，尽可能不破坏当地环境因素循环，确保生态体系健全运行。它强调从当地的自然生态环境出发，运用生态学及建筑技术科学的基本原理，结合现代科学技术手段，合理安排和组织建筑与其他相关的自然因素之间的关系，力求使建筑与自然环境和谐相处。

②健康建筑。2000年，芬兰健康建筑2000（Health Buildings 2000）国际会议对健康建筑的定义为"一种体验建筑室内环境的方式，不仅包含物理量的测试值，如温湿度、通风换气效率、噪音、光、空气品质，还包括主观心理因素，如布局、环境色、照明、空间、使用材料等，另外加上如工作满意度、人际关系等其他要素"。一栋健康建筑应该满足以上所有的要素要求。

③绿色建筑。最初的绿色建筑主要关注的是提倡使用健康无害、最少或无污染的建筑材料，强调建筑的环保、节能、健康、效率等。经过"绿色建筑"自身的发展和完善，"绿色建筑"关注的已不仅仅是物质上的创造。

1992年，联合国全球可持续发展宣言以及1998年加拿大温哥华"绿色建筑挑战98"国际会议对绿色建筑的定义是"在建筑生命周期内，包括由建材生产到建筑物规划设计、施工、使用管理及拆除等系列过程，消耗最少地球资源，使用最少能源及制造最少废弃物的建筑物"。它是这样一个理念，在建筑的整个生命周期内，包括经济和环境两个方面，有效利用现有资源并提出解决办法，进一步改善环境，极大地减少对环境的影响。

ASTM国际组织将绿色建筑定义为"在建筑建设和额定的服务期及之后，该建筑能提供规定的建筑性能，同时改进当地、该地区和全球生态系统，并使干扰最小化的建筑"。根据我国《绿色建筑评价标准》的定义，绿色建筑是指在建筑的全寿命周期内，最大限度地节约资源（节能、节地、节水、节材）、保护环境和减少污染，为人们提供健康、适用和高效的使用空间、与自然和谐共生的建筑。

④可持续建筑。综观人类历史，人类的建筑已经历了栖息、舒适和节能等阶段，现在正向着可持续建筑方向发展。叶耀先认为，可持续建筑是指在建造、运营和拆除的全生命周期间，对环境的负面影响最小、经济和社会效益最佳的建筑。它是可持续发展不可分割的一个组成部分。建设部对可持续建筑的定义是"以可持续发展观规划的建筑，内容包括从建筑材料、建筑物城市区域规模大小等，以及与它们有关的功能性、经济性、社会文化和生态因素"。为实现建筑的可持续发展，以及反映不同区域的状态和重点，需要建立不同的模型去执行。世界经济合作与发展组织（OECD）给了"可持续建筑"4个原则和1个评定要素。其内容为资源的应用效率原则、能源的使用效率原则、污染的防止原则（室内空气质量、二氧化碳的排放量）、环境的和谐原则。评定因素是对以上四个原则内容的研究评定，以评定结果来判断是否为可持续建筑。

从上面几种建筑的概念可以看出，"生态建筑"关注建筑与当地的自然环境和资源的结合与和谐，核心内容是减少因建筑物的建造而对大自然产生的伤害，尽力遵从自然生态法则，以期与自然和谐相处。"健康住宅"围绕人居环境"健康"二字展开，是具体化和实用化的体现。"绿色建筑"以建筑的整个生命周期所产生的废弃物最少为目标，同时关注环境和经济的平衡。而"可持续建筑"除了包含"生态建筑""健康建筑"和"绿色建筑"的研究内容外，还包含了城市区域规模大小、对资源的应用效率、能源的使用效率、污染的防治、环境的和谐等内容以及有关的功能性、经济性和社会文化等方面，范围更广泛、更深刻。但是无论绿色建筑、生态建筑还是可持续建筑，都十分注重以人为本和可持续发展，普遍意义上，我们通常所说的节能省地型建筑、生态建筑、绿色建筑等讲述的是可持续建设的一个方面或者角度，是在不同时期对有利于环境和人类发展的建筑的称谓，都属于可持续建设的范畴。此外，从可持续建设国际会议的活动情况可以看出，会议的名称由最初的 Green Building 改为了 Sustainable Building，因此，目前我们所说的绿色建筑可以看作是可持续建筑在发展初期的称谓。

第二章　工程项目的可持续建设与管理

第一节　工程项目可持续建设的内涵

一、工程项目建设中的可持续性问题

（一）资源问题

工程项目是资源消耗大户，工程项目建设和使用所遇到的第一个问题即为资源问题。工程项目的建设和使用的资源包括能源、水资源、土地资源、建筑材料及其生产过程中所需的各种矿产资源等。

能源是经济发展所需的最重要资源。在能源的使用过程中，我们面临着两种困境，一种是不可再生能源的消耗，如煤、石油等，这些能源的使用，实际上就是在消耗我们子孙的财产，我们消耗得越多，留给我们子孙的就会越少；另一种是可再生能源，如太阳能、风能，这些能源虽然不会像石油、煤一样面临枯竭，但是却有使用成本过高的问题，如果这个问题不能妥善解决，充分利用太阳能和风能就会仅仅停留在实验室中。概括而言，节能的概念包含三层含义，第一是在通常意义上的节约能量，即靠提高节约意识，从需求的角度减少能源消耗量，如减少使用空调，尽量采用自然通风、天然采光等；第二是保持能量，减少能量的散失，如通过增强围护结构的性能，达到保温隔热的目的；第三则是提高能源利用率，包括利用新技术提高能源综合利用效率和可再生资源的有效利用，如采用太阳能、风能等。目前，发达国家单位 GDP 的能耗相对较低，而发展中国家则相对较高。我国正处于经济飞速发展的时期，并且钢铁、化工、建材等高耗能的重工业在国民经济中占据很大比重，造成我国单位 GDP 的能耗与发达国家相比还存在一定的差距。2001 年，我国终端能源用户能源消费支出占 GDP 总量的 13%，而美国仅为 7%。由于我国人口众多，人均石油、天然气和煤炭的可采储量分别为世界平均水平的 111%、5% 和 55%。中国的煤炭消费居世界第一，石油、电力消费仅次于美国居世界第二。能源利用问题已经成为一个迫切需要解决的重要问题。国务院在《关于加强节能工作的决定》中专门指出必须把节能

摆在突出的战略位置。我国人口众多，能源资源相对不足，人均拥有量远低于世界平均水平，并且由于我国正处在工业化和城镇化加快发展阶段，能源消耗强度较高，消费规模不断扩大，特别是高投入、高消耗、高污染的粗放型经济增长方式，加剧了能源供求矛盾和环境污染状况。能源问题已经成为制约经济和社会发展的重要因素，要从战略和全局的高度，充分认识做好能源工作的重要性，高度重视能源安全，实现能源的可持续发展。解决我国能源问题的根本出路是坚持开发与节约并举、节约优先的方针，大力推进节能降耗，提高能源利用效率。节能是缓解能源约束，减轻环境压力，保障经济安全，实现全面建设小康社会目标和可持续发展的必然选择。这体现了科学发展观的本质要求，是一项长期的战略任务。近几年，由于经济增长方式转变滞后、高耗能行业增长过快，单位国内生产总值能耗上升，能源消耗增长快于经济增长，节能工作面临很大压力，形势十分严峻。因此我们要充分认识加强节能工作的紧迫性，增强忧患意识和危机意识，增强历史责任感和使命感。我国"十三五"期间的节能减排目标：节能方面，提出到 2020 年全国万元国内生产总值能耗比 2015 年下降 15%，能源消费总量控制在 50 亿吨标准煤以内；减排方面，提出全国化学需氧量、氨氮、二氧化硫、氮氧化物排放总量分别控制在 2001 万吨、207 万吨、1580 万吨、1574 万吨以内，比 2015 年分别下降 10%、10%、15% 和 15%。全国挥发性有机物排放总量比 2015 年下降 10% 以上。建立起与社会主义市场经济体制相适应的比较完善的节能法规和标准体系、政策保障体系、技术支撑体系、监督管理体系，形成市场主体自觉节能的机制。在工程建设领域，可以从以下方面来加强节能工作。①推进建筑节能。大力发展节能省地型建筑，推动新建住宅和公共建筑严格实施节能 50% 的设计标准，直辖市及有条件的地区要率先实施节能 65% 的标准；推动既有建筑的节能改造；大力发展新型墙体材料。②加强交通运输节能。积极推进节能型综合交通运输体系建设，加快发展铁路和内河运输，优先发展公共交通和轨道交通，加快淘汰老旧铁路机车、汽车、船舶，鼓励发展节能环保型交通工具，开发和推广车用代用燃料和清洁燃料汽车。③引导商业和民用节能。在公用设施、宾馆商厦、写字楼、居民住宅中推广采用高效节能办公设备、家用电器、照明产品等。可以看出，重视能源问题已经成为我国经济发展的一项重要战略。

另外，工程建设中需要大量的原材料，而建筑材料和构配件的生产过程中会消耗大量的矿产资源。我国的矿产资源总量丰富，但是人均矿产占用量却相对较低。由于生产方式粗放和管理效率相对低下的缘故，我国矿产资源存在破坏和浪费现象，矿产资源的总回采率仅为 30%，比世界平均水平低 20%。我国的水资源储量丰富，淡水资源在世界主要国家中仅次于巴西、俄罗斯和加拿大位列第四，但是人均水资源仅为世界平均水平的 1/4，并且南北地区的水资源分布不均衡，因此水资源的有效利用问题也是我们需要解决的迫切问题。我国的土地面积居世界第三位，但是我国人均耕地面积不足世界人均耕地面积的一半。此外，土地荒漠化的问题也是我们面临的严峻挑战。这些都要求我们在工程项目的建设和使用过程中，尽量避免水资源的浪费，提高土地的利用效率。

工程项目的资源消耗，不仅是指其在建设过程中的资源消耗，而且要考虑整个生命周期的资源消耗。我国很多工程项目的建设，往往仅注重建设阶段的资源消耗，对建设成本进行细致的分析，却忽略使用阶段的资源消耗和付出的成本，这是非常不可取的。发达国家也有过同样的教训，以著名的法国蓬皮杜艺术中心为例，这座充满艺术魅力的建筑物，尽管落成时给它的建造者带来了无尽的光彩和荣誉，但是其使用过程中却消耗了大量的能源，每年仅用于维护的费用就高达 1300 万英镑。由此可以看出，工程项目的可持续建设，必须基于工程项目的生命周期来系统规划项目的资源节约和有效利用问题。

（二）环境问题

工业革命以来，社会化的大生产给我们带来物质享受的同时，也给我们带来了环境恶化的负面影响。目前，令人欣喜的是越来越多的有识之士开始关心环境问题。对环境保护的概念也不仅仅理解为停留在字面上的大气污染、水污染、固体垃圾污染等问题，越来越多的人也渐渐认识到温室气体排放、酸雨、臭氧层破坏等更深一层的环境问题。

人为产生的温室气体包括：

燃烧产生的二氧化碳；

厌氧腐烂（沼泽地、垃圾填埋场、稻田）、反刍动物、白蚁以及煤矿、天然气开采、生物质燃烧后产生的甲烷；

化肥、喷气飞机、发射航天器、树木和矿物燃料燃烧产生的氮氧化物；

冰箱、空调制冷剂、喷射剂、制造塑料的溶剂和泡沫发生剂等产生的氟氯烃；

对流层的臭氧。

这些温室气体排放引发的全球变暖会带来海平面上升、气候带以及降雨带的移动、病毒细菌繁殖速度和变异速度加快等一系列的次生灾害。为了有效抑制全球变暖给我们带来的一系列问题，2005 年 2 月 16 日专门签订了《京都议定书》，其中，明确指出发达国家应在 2008—2012 年间，使温室气体的排放量比 1990 年削减 5.2%，其中美国削减 7%，欧盟各国削减 8%。

臭氧层的破坏也是我们面临的一个严峻的环境问题。臭氧层吸收了约 99% 太阳辐射出的有害紫外线。一旦臭氧层破坏，人类将直接暴露在紫外线之下，其后果将是不堪设想的。臭氧层破坏可以诱发皮肤癌、眼疾等多种疾病。氟氯烃类物质对臭氧层有着极大的破坏作用。氟氯烃类物质主要来自制冷剂、发泡剂、消毒和喷雾剂等。目前，世界各国已经开始逐渐停止生产和使用氯氟烃类的臭氧层消耗物质。由于氯氟烃类化学气体性能稳定，寿命长，可在大气层滞留很长时间。因此，即便目前完全停止生产和使用这类物质，其对臭氧层造成的破坏也会持续 100 年左右。另外，酸雨带来的灾害也是很大的。人类造成的酸雨成分中，硫酸一般占 60% ～ 65%，硝酸约占 30%。其来源主要包括煤炭等物质燃烧产生的二氧化硫、汽车排放的尾气等。酸雨会造成森林的成片破坏、湖泊酸化鱼虾死亡、土壤酸化农作物死亡、建筑物受腐蚀等灾害。另外，环境问题还包括大气污染、水污染和固体废弃物的污染问题，这些污染都直接会给人类的健康造成危害。

为了加强建设项目的环境保护问题，我国正在逐步建立和实施一系列的管理制度。例如，环境影响评价制度要求各级环境保护行政主管部门必须加强对建设项目环境影响评价审批，强化环境管理，保护设施的"三同时"管理，对建设项目环境保护审批负全责。

（三）健康问题

由环境问题进一步引发的人类健康问题，是我们必须立即解决的问题，也是我们实现可持续建设应首先思考的问题。目前，给人类健康造成危害的环境污染主要包括大气污染、水污染、固体废弃物及有毒有害化学物的污染等。

大气污染物给人体造成的危害中，悬浮颗粒物被人体吸入后会直接沉积于肺部，影响肺功能，造成各种呼吸道疾病，如果吸入石棉、煤矿尘、纺织纤维等有毒有害物质，则会造成癌症。二氧化硫被吸入人体后轻则会使呼吸功能受损，重则会引起支气管炎等呼吸系统疾病。氮氧化物会造成人体肺部结构改变，也可能会影响儿童肺部发育。一些挥发性有机物质如苯对人体有致癌作用，会引发白血病。由挥发性有机化合物和氮氧化物经太阳光紫外线照射而生成的光化学烟雾是一种十分有害的物质，可以引起皮肤病，其中所含的臭氧会造成人类眼部和呼吸系统的疾病。

水污染造成的人类健康问题也是不容忽视的问题。水污染造成的细菌繁殖会直接带来各种疾病，如果存在有毒有害物质，则会造成更为严重的后果。各种固体垃圾中所含的铅、汞、砷等有毒有害物质也会危及人类的健康。另外，放射性物质也是影响人类健康的重要污染源。来源于岩石建材的氡是一种无色、无味、无臭的惰性气体，是重要的致癌物质之一。

二、工程项目可持续建设系统分析

（一）工程项目可持续建设系统框架

根据可持续建设的基本原则，工程项目可持续建设体系框架如图 2-1 所示。

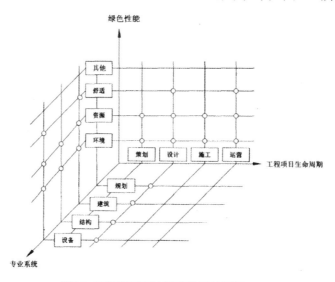

图2-1 工程项目可持续建设系统框架

　　可持续建设系统是一个极其复杂的多属性、多目标系统，该系统可以从三个方面进行分解。首先，根据专业属性的不同划分，可持续建设涉及规划、建筑、结构、设备等多个不同的专业系统；其次，根据工程项目的生命周期，可持续建设涉及工程项目的前期策划、工程规划与设计、施工及验收、运营等多个环节，这些环节环环相扣，每个环节都不能忽视可持续建设工作的实施；另外，从目标属性看，可持续建设需要考虑资源和能源的有效利用问题，需要考虑环境保护的问题，需要考虑人体健康和舒适的问题等。因此可以看出，工程项目可持续建设系统是一个极其复杂的大系统，需要用系统分析的方法对其加以系统管理。如果我们仅关注一个坐标点，则无异于瞎子摸象，必须从全局考虑，实现整个工程系统的可持续建设。

（二）工程项目可持续建设的系统构成

1. 按照工程项目生命周期分解

　　工程项目可持续建设，按照工程项目的建设过程分解，可以分为工程项目的可持续策划、可持续设计、可持续采购、可持续施工、可持续运营、可持续的最终处置等子系统。

　　可持续建设策划包括明确可持续建设方针，明确可持续建设目标，并制订相应的可持续建设实施方案；可持续设计包括设计中的资源有效利用问题，如提高能源的利用效率、采用节能环保的材料和设备、采取节地和节水设计方案等；可持续采购包括选择绿色材料和设备供货商，选择绿色施工单位，与施工单位和材料供货单位签署可持续施工和供货协议等；可持续施工包括采取节能环保的施工方案，选择节能的施工机械和设备，避免施工造成的环境污染和危害以及保护施工人员的健康等；可持续的运营包括进行合理的可持续运营规划，采取有效的运营管理措施等；可持续的项目最终处置包括在拆除过程中制订节能环保的拆除方案，对拆除建筑既有结构、材料和设备的有效回收利用等。这种以工程项目生命周期为依据的分解方式，最符合工程项目的建设和运营特点，对于在工程项目生命周期的各个环节实施可持续建设有着很强的指导性。

2. 按照专业属性分解

　　工程项目可持续建设，按照专业属性的不同进行分解，可以分为可持续规划、可持续建筑设计、可持续结构设计、可持续设备系统设计等子系统。

　　可持续规划包括城市的可持续规划和居住区可持续规划。无论是城市级的规划还是居住区的规划，都应该考虑土地资源的集约化利用，减少工程项目对环境的影响，尽量提高城市公共设施的利用效率等。在可持续建筑设计中，应该从外部环境和内部功能入手，提高资源利用效率，保护自然环境，提高使用者的舒适度。例如，采取自然通风、自然采光等系统节约能源，或者采用保温性能良好的围护结构材料，减少建筑物的热损失，提高建筑节能效果等。在可持续结构设计中，需要考虑选用节能、环保并且可重复利用的结构材料，优化结构体系，并充分利用既有的建筑结构进行设计。在可持续的设备系统设计中，应该通过设备选型和设备系统设计，最大限度地达到节能、节水、降低环境污染的效果，同时提高使用者的舒适度。上述可持续的规划、建筑设计、结构设计、设备系统的设计在贯彻可持续建设思想进行设计时，也必须以工程项目的生命周期为分析依据，既要考虑重视建造过程，也要重视使用过程，还要考虑到最终的拆除和处置问题。

3. 按照可持续性能属性分解

工程项目可持续建设，按照可持续性能属性的不同进行分解，可以分为资源的有效利用、环境保护、生产者与使用者健康等子系统。

资源的有效利用包括提高能源的利用效率，实现材料资源、土地资源、水资源的有效利用等。提高能源的利用效率包括节能、提高可再生能源的利用率等。材料资源的有效利用是指采取可再生材料，提高材料的使用效率。水资源的有效利用包括节水和实现水资源的回收利用等。环境保护包括减少工程建设中大气、水、固体垃圾等污染物的排放，降低噪音污染，避免放射性物质的危害等内容。保护生产者和施工者的健康包括保护生产工人在原材料加工、施工生产过程中的身体健康，制定工人的职业病防治措施，另外还要避免工程项目使用者的健康受到危害，提高使用者居住、生活等方面的舒适度。按照性能进行分解的工程项目可持续建设系统，更贴近对可持续建设结果的评定，因此，这种划分方式通常被用来作为工程项目可持续建设评价体系的依据。

第二节　工程项目可持续建设的特点

一、工程项目建设的特点

（一）一次性建设

建设工程项目作为项目类型的一种，与项目具有同样的属性，即一次性。也就是说，建设项目的生产过程是不可逆的，项目一旦建设完工，即使存在着很多问题，也只是严重的教训，不可能推倒重来。即使推倒重来，造成的损失也是无法挽回的。这种一次性的特点，使建设工程在前期策划阶段，就必须从预防为主的角度分析各种问题，绝不能采取被动控制的思想，等建设完成之后再思考不足之处，这种做法是不可取的。尽管项目一次性的特点给项目的管理带来了很大挑战，但是这种一次性的特点并不是不能管理和驾驭的，这就要求我们从项目建设的立项开始，就注重每一个环节的管理，从每一个环节入手，自始至终贯穿可持续建设的思想，才能在工程建设完成后达到预定的建设目标。

（二）多工种作业

和一般工业产品相比，建设工程的生产过程极其复杂，影响因素多。建设工程项目的建设过程需要多个工种的交叉作业。仅以施工阶段为例，涉及土建、装饰、设备安装等很多工种的作业，这些工种作业过程中，不可避免地会出现互相干扰、互相影响的情况。因此，工程项目建设的各工种间必须相互配合，相互协作，进行有效的信息沟通，及时解决存在的各种问题，才能够互相促进，进而完成项目的建设目标。

（三）跨行业协作

任何工程项目的建设，都不是简单的一个工程的建设问题。尤其是大型工程建设项目，涉及很多不同的行业，也涉及不同的管理部门，工程项目的建设是一项极其复杂的系统工程。从管理层面上看，建设项目的建设涉及很多方面的管理问题，不仅涉及城市规划、土地利用等管理问题，而且涉及环境保护、资源利用等方面的管理、问题。从技术层面看，一个工程项目的建设，所涉及的不仅仅是设计和施工技术的问题，还要涉及环境技术、节能技术、设备制造技术等方面的问题。因此，工程项目的建设，不能仅仅看作是建筑业的事情，它还涉及房地产业、城市管理、机械制造、环境工程等其他行业领域，而这些领域的跨行业协作，对于推动建筑业的发展，提高工程项目的建设水平是十分重要的。

（四）多目标管理

工程项目建设水平的好坏是很难用一句话或某个单一标准来衡量的。工程项目的建设目标不仅要考虑建设进度问题，而且要考虑建设成本和质量问题；不仅要考虑建设阶段目标的实现，而且要考虑方便使用和运营维护的问题；不仅要考虑项目本身进度、质量、目标的实现问题，还要考虑工程项目对环境的影响问题。因此，评价一个项目建设水平的好坏，必须从多目标系统的角度进行分析，从多目标优化的角度进行论证，从多目标管理的角度提高管理效率和水平。

二、实现工程项目可持续建设的难点

（一）多主体参与引发的管理问题

为了有效实现工程项目的可持续建设，工程项目的利害关系人必须都从可持续的角度思考工程项目的建设问题。但是，这一问题并不是一个简单能说清楚的问题。由于工程项目的参与各方众多，从理论上讲，工程参与各方都应该从自己的工作出发，实施可持续建设，最后达到工程项目可持续建设的最终目标。但是从企业的角度上讲，由于业主、规划设计、施工、运营、维护在内的不同的参与各方都有着各自本身的利益，为了实现企业本身经济效益的最大化，各自考虑问题的出发点会存在一定的差距，这就为工程项目的可持续建设带来了一系列的管理问题。举例而言，一个建筑师希望从可持续建设的思想构思自己的设计方案，但是业主可能为了追求工程短期利益的最大化，可能会否决建筑师的设计方案，这就为可持续建设造成了影响。又如，施工阶段，施工企业为了追求企业短期利益的最大化，往往会忽视工人的职业健康问题，这也会给工程项目可持续建设的管理问题带来影响。因此可以看出，工程项目可持续建设的管理问题错综复杂，必须从工程建设参与各方出发，制定相应的管理和激励措施，才能从真正意义上实现工程项目的可持续建设。

（二）跨专业协作引发的技术问题

工程项目的建设涉及各种不同的专业，而各专业由于所涉及的技术内容不同，考虑的问题也会有所不同，这就给工程项目的可持续建设带来了技术上的难题。仅以设计阶段为例，一个建筑设计师从可持续建设的角度选用了某种建筑材料。与其他建筑材料相比，这种材料可能具有更好的节能、环保性能，但是这种材料的使用对于结构设计师来说可能会增加建筑的荷载，增加结构设计中的承重体系的材料用量，反过来会与可持续建设的思想背道而驰。而建筑师往往又不十分了解结构设计的技术问题，这就给工程项目的可持续建设造成了极大的负面影响。又如，采用太阳能技术，是可再生能源利用的一个非常好的途径，但是在能源系统设计中，设计师采用了太阳能技术，这无疑体现了可持续建设的思想。但是，对于这种太阳能技术应用的设备系统在原材料加工生产和制造过程中带来了多少环境污染，太阳能工程设计师可能并不具备这方面的技术能力，也就不能提供一个令人信服的数据。综上所述，可持续建设技术的应用涉及多学科、跨专业的研究领域，如果每一个设计师仅从自己专业的角度考虑可持续建设问题，无异于瞎子摸象，对工程项目总体上实现可持续建设是不可取的。因此可以看出，可持续建设的技术问题，尤其是跨学科技术的融合问题，也是实现可持建设的瓶颈问题。

（三）初期投资增加引发的经济问题

实现工程项目的可持续建设，不仅涉及技术问题，而且要涉及经济问题。从某种意义上讲，可持续建设会给工程项目的初期投资造成一定幅度的增加。这些初期费用的增加是否会在工程项目的后期运营和维护中得到补偿，是每一个工程项目的投资者都会自然而然想到的问题。美国化学委员会（American Chemistry Council）和北桥环境管理咨询公司（Northbridge Environmental Management Consultants）提出的一份关于 LEED 环境认证项目的成本报告中，分析了建设单位实施可持续建设的成本问题，如表 2-1 所示，可以看出一个建设单位如果要进行可持续建设并经过相关认证得到认可，所支付的费用约占工程总成本支出的 4.5% ～ 11.1%。这笔成本的支出并不是一个小数目。如果这个问题得不到一个令人信服的答案，实现工程项目的可持续建设对于工程项目的投资者而言，尤其是对追求利益最大化的企业而言就会成为一句空话。因此，为了从根本上提高工程项目投资方实施可持续建设的积极性，必须从这一问题入手加以考虑。这就要求我们从工程项目的性质出发，从参与工程项目的企业出发，制定各种有针对性的激励措施，只有这样，才能真正提高企业认真贯彻实施可持续建设战略的积极性。

表2-1 申请LEED认证项目增加的成本支出

增加的成本项目		占建设总成本的比例/%	支付对象
咨询成本	设计咨询费用	0.4～0.6	咨询工程师、LEED认证咨询或协调单位
	委托费用	0.5～1.5	代理机构、LEED认证咨询或协调单位
	文件及相关费用	0.5～0.9	设计顾问、环境顾问、LEED认证咨询与协调单位、USGBC管理费
	能源模拟	0.1	咨询工程师、LEED认证咨询或协调单位
为了达到LEED评价体系的要求而在采购和施工中增加的投入		3～8	承包方、分包方、材料设备供应商
总支出		4.5～11.1	—

三、工程项目可持续建设层次

建筑业产业链的上游、中游和下游充满了各种各样的行为主体，如业主、总承包商、分包商、材料/设备供应商、政府部门和建筑物最终使用者。他们越来越趋向多元、动态、多变，且又与其他产业主体频繁互动，形成复杂的利益相关者群体。建筑生产投入要素包括资源、活动和产品，这些要素通过既定的程序转化为人工建成环境，与自然生态环境共同构成人居环境。

可持续建设有4个层次——可持续施工活动、可持续建设过程、可持续建筑业、可持续建成环境。可持续施工活动关注施工企业在工地现场及周边的工程活动；可持续建设过程要求从工程前期到项目交付使用的各阶段都践行可持续发展观；可持续建筑业从产业整合的角度强调产业链各部门协同发展，全面实现可持续增长；可持续建成环境是可持续建设的终极目标，要求人工建成环境与自然生态环境有机融合。

（一）施工环节是可持续建设的"根"

施工过程是建筑规划与设计方案的物化阶段，其特点是对自然生态环境产生最直接的负面影响，也是在限定的时间和地理空间里密集使用资源和能源。在施工现场倡导可持续的建设活动，典型的做法有绿色施工。中华人民共和国住房和城乡建设部于2007发布了《绿色施工导则》（建质〔2007〕223号），要求通过科学管理和技术进步，最大限度地节约资源并减少对环境的负面影响，实现节能、节地、节水、节材和环境保护。绿色施工以质量、安全等基本要求为前提，是建筑业为建设资源节约型、环境友好型社会做出的努力与尝试，符合可持续发展观。

开展绿色施工方案并非易事，在前期规划设计阶段应充分考虑、评估、反映各种"绿色诉求"，仔细地分析施工现场条件，控制好工程实施阶段的材料采购、现场施工、工程验收工作。这是在传统项目管理框架的基础上，更加突出环境保护和高效使用资（能）源的重要性。万丈高楼平地起，只有扎扎实实地组织可持续施工活动（或绿色施工），才有可能推出绿色、生态、健康建筑。因此，可持续施工过程如同可持续建设的"根"，是可持续建设其他 3 个层次的"墙脚石"。

（二）建设全过程是可持续建设的"干"

可持续建设中的"建设"并非单指项目的施工阶段。建筑生产过程通常由前期的概念、决策、设计，中期的施工、交付和后期的拆除等阶段组成。建筑生产能否实现环境零污染？资源利用能不能高效化？事实上，从最初的策划阶段一直到建筑物拆除的整个链条，都要严格遵从可持续发展思想。任何一个阶段实施不好，都会造成全过程断裂，后续建设活动难以为继，或者需要花费比较大的代价才能完全修复。

建筑产品从自然界获取资源、能源，经过开采冶炼、加工制造等步骤，又经过储存、销售、使用，直至报废处置等阶段，是一个从"摇篮"到"坟墓"的生命过程。可持续建设全面反映建筑业对可持续发展所做的努力与尝试，它应贯穿于任何一个项目的建设全过程。按照可持续建设定义，这个过程如同树的"茎"，要求在相应的范畴内最大限度地节约资源、保护环境和减少污染，为人们提供健康、适用、高效的居住空间。因此，可持续建设可以进一步分解为可持续策划、可持续设计、可持续施工、可持续运营、可持续拆除及处置。

（三）产业链是可持续建设的"枝"

产业链是产业经济学的一个重要概念，是产业链各部门基于一定的技术经济关系而形成的链条。建筑生产涉及复杂的技术经济关系，建设全过程包含许许多多从其他产业采购而来的成品或半成品。实现可持续的建设全过程应从源开始，要求这些成品或半成品达到绿色、生态、节能、环保等要求。比如，钢结构施工速度快、污染少、可回收，但钢材在生产环节却排放大量粉尘和废气。又如，一栋零碳建筑在交付使用后，如果使用者不遵照流程就会让减碳、固碳等技术无"用武之地"。因此，仅从建设全过程来把握可持续建设问题是不充分的。

可持续建设不仅需要约束承包商的行为，更需要全员参与、全方位调动。建筑业借助与相关产业部门的内在联系，要求它们提供符合可持续发展基本原则的产品或服务，同时也对建筑产品交付使用后按规范使用建筑提出要求。因此，如同大树的"枝"一样，可持续建设应延伸到建筑产业的方方面面。

（四）建成环境是可持续建设的"冠"

在建筑物设计、建造、运营与维护、更新（改造）、拆除等全生命周期中，要用可持续发展观来指导工程实践活动和建筑物使用，最大限度地实现资源的有效利用，降低对人类健康的负面影响，促成人、建筑与自然生态环境和谐共生。可持续建成环境指可持续的人工建成环境，它是可持续建设的终极目标，是人类自我生存环境与自然环境有机融合的具体体现。如同"树冠"一样，它离不开树根树干和树枝的养料，同时又需要与大自然融合在一起，根据当地的自然、地理、气候等生态系统，建设一个与周边环境有机结合的人居环境。

建成环境可大可小，小到一个社区、一个城市，大到一个国家甚至整个地球。在工业革命爆发后的数十年里，建成环境与自然环境的关系简单粗暴，甚至对立冲突。如今，在人们的努力下，小到依山而建的茅草房、逐水而居的毡房、就地取材的"蚝房"，大到生态城市、"绿色走廊""美丽中国"，建成环境越来越自然地融入自然环境之中。

四、工程项目中可持续建设的意义

工程项目可持续建设的实现具有三个方面的重要意义，主要表现在：从经济效益上讲，可以有效减低工程项目的运行成本、增加工程项目的价值；从社会效益上讲，可以改善人们居住环境的功能质量，提高人们的工作和生活质量；从环境效益上讲，在建筑规划设计、施工、运营维护和拆除或再使用的全生命周期中都考虑环境影响，降低环境污染、提高环境质量，减少不可再生资源的消耗和提高资源的利用效率。因此，实施工程项目的可持续建设，可以有效地提高工程项目的建设和运营效率，是工程项目实现高效率、高质量、资源综合利用率高、环境负荷低，取得良好的经济、社会和环境效益的必然途径。

第三节　工程项目可持续建设的理论基础

一、工程项目可持续建设相关理论

工程项目的可持续建设涉及跨学科的基础理论，包括建筑节能、环境管理、价值工程、系统工程等。从事工程项目可持续建设的相关人员，应从这些方面拓展自己的知识体系，丰富自身的知识要素，才能更好地实现工程项目的可持续建设。工程项目可持续建设的相关理论主要涉及以下几个方面的内容。

（一）建筑节能理论

建筑节能是工程项目可持续建设的目标之一，因此，建筑节能理论是指导工程项目可持续建设的重要理论之一。建筑节能理论包括两个层面三个环节的内容。两个层面中，一是通过有效的规划和设计，采用节能技术减少工程建设和运营过程中的能源消耗；二是通过采用新型能源、清洁能源和可再生能源，减少不可再生能源的消耗。这两者相辅相成，缺一不可。三个环节包括能源的节约使用（Energy Saving）、能源的保持和维护（Energy Conservation）以及提高能源的综合利用效率（Energy Efficiency）。这三个环节的难度逐渐递增，而节能的相关理论也是从这三个环节逐步展开和深化的。

（二）环境管理理论

环境管理也是工程项目可持续建设的重要内容之一。环境管理是指工程建设过程中，通过有效的策划和控制在建设工程项目的建造、运营乃至拆除的过程中最大限度地保护生态环境，控制工程建设和运营产生的各种粉尘、废水、废气、固体废弃物以及噪声和振动对环境的污染和危害，同时考虑建设工程生命周期范围内的能源节约和避免资源浪费。环境管理是建设工程管理领域中日益重要的内容之一。传统的项目管理领域所提到的"三控制三管理一协调"包括投资控制、进度控制、质量控制、安全管理、合同管理、信息管理和组织协调。其中并没有提及环境管理的问题。实际上，国际建筑界已经将环境管理作为建设工程管理十分重要的研究课题。国际标准化组织还专门制定了环境管理体系，用以规范环境管理行为，指导各行各业做好环境管理工作。

（三）价值工程理论

如果只谈可持续建设而不谈经济性问题，可持续建设就很难得到有效的推广，并且推广的同时还会带来一系列的其他问题。因此，对于工程项目的可持续建设，可以用价值工程理论为指导，对工程项目可持续建设的效果进行功能分析，同时进行成本分析，用最低的成本实现最有效的功能，才可以真正意义上实现工程项目的可持续建设。

（四）LCA 理论

LCA（Life-Cycle Assessment）法，又称为生命周期评价法。国际标准化组织于 1997 年制定和颁布了关于 LCA 的 ISO14040 系列标准，并给出了 LCA 的定义：LCA 是对产品系统在整个生命周期中的能量和物质的输入和输出以及潜在环境影响的汇总和评价。作为一种产品环境特征分析和决策支持的工具，LCA 法在清洁生产、产品生态设计、废物管理、生态工业等方面发挥着重要作用。工程项目的生命周期包括项目的启动与策划、项目的规划设计、项目施工、项目验收、项目运营与维护以及项目最后的报废、拆除和再利用，其中每个阶段都应该贯彻实施工程项目的可持续建设，因此，LCA 法对于分析工程项目整个生命周期的可持续建设性能可以提供重要的理论基础。

（五）多目标评价与优化理论

工程项目可持续建设系统是一个集多属性、多目标为一体的复杂系统。工程项目的可持续建设既包括节能问题又包括环保问题，既涉及建筑设计问题，又涉及结构设计和设备系统设计的问题。因此，如果我们仅仅从一个方面来考虑工程项目可持续建设问题是不可取的。建设工程中规划设计方案的选择、施工方案的优化等都应通过多目标优化理论来完成。多目标评价与优化理论是系统工程学的一个重要分支，也是指导工程项目可持续建设的重要理论基础。

二、工程项目可持续建设的发展趋势

随着越来越多的有识之士关注工程项目的可持续建设问题，可持续建设的理论和实践工作都得到了进一步的推动。目前国际上工程项目可持续建设的发展趋势有以下几个方面。

（一）从注重某个单一可持续性能问题的研究走向可持续建设性能综合优化问题的研究

由于专业划分的不同和管理范围的不同，在工程项目的可持续建设过程中，往往仅强调某一个单一性能的最优解。例如，当我们仅仅强调节能效果时候，往往会忽视生产这种节能材料和设备的过程中造成了多少环境污染。当我们强调某一种材料的保温隔热性能时，往往忽视了这种材料可能会给使用者健康带来危害。诸如此类的问题还有很多，在实施工程项目的可持续建设过程中，我们必须拓宽自己的视野，从全局的角度对工程建设进行总体的可持续建设性能优化，只有这样，才能从真正意义上实现工程项目的可持续建设。

（二）从仅注重结果的评价研究走向注重过程的评价研究

虽然工程建设的结果是衡量工程建设成败的关键。但是，由于工程项目建设的不可逆性，我们必须从工程项目的建设初期，就贯彻可持续建设的思想。对工程建设的每个环节进行评价和改进。只有将工程建设的评价体系贯穿到整个工程项目建设的各个环节，把可持续建设工作落实到工程建设的各相关方，才能通过建设过程的有效控制最终实现工程项目的可持续建设。

（三）从新建建筑的研究走向新建建筑与既有建筑改造并举的研究

目前，大量的既有建筑在使用过程中耗费了相当多的能量，并且造成了环境污染。对既有建筑的改造，提高其在节能、环保和使用舒适度方面的性能，降低有毒有害物质对使用者的危害，是我们面临的重要课题之一。因此，对于既有建筑的改造问题是未来我国工程项目可持续建设的重点问题之一。既有建设项目的改造比新建项目要复杂得多。因为使用情况的不同，在改造中会遇到各种各样新建项目不会遇到的问题。尽管如此，加强既有建设项目的改造，也是工程项目可持续建设的重要任务。

（四）从仅注重技术问题的研究走向技术和管理并重的研究

在推动工程项目可持续建设过程中，我国在技术领域已经取得了一定的成绩，并且围绕着提高工程项目可持续建设的技术水平出台了一系列的技术标准和规范。这些对于指导从业人员通过利用技术手段实现可持续建设有着很好的促进作用。但是，在建立健全工程项目可持续建设管理体制方面却相对落后。如何采取有效的管理措施规范工程项目可持续建设行为，如何采取有效的激励措施提高工程项目建设各方参与工程项目可持续建设的积极性，都是管理方面应该认真思考的问题。

第四节　可持续工程项目的管理

一、与传统工程项目管理的比较

　　传统工程项目管理的管理对象更加强调工程项目本身，对其管理具有自然属性，社会属性体现得不明显；传统的工程项目管理突出工程质量、进度和成本的管控对工程项目目标实现的作用，而往往忽略工程项目对经济、社会和生态环境的影响；传统的工程项目管理主体往往是建设工程具体工作的实施者，即施工方的项目管理人员，同时在管理过程中，对现代信息技术和其他先进技术的应用频率低，以质量、成本、工期为终极管理目标。

　　可持续的工程项目管理重视实现经济、社会、生态环境等复合系统的统一，是站在工程建设项目所处的整个社会经济层次进行的管理活动，所以可持续的项目管理不但具有自然属性，同时也具有社会属性；可持续的工程项目管理的内容已远远突破传统的工程项目管理对工程质量、进度和成本的管控，而体现为实现经济、社会、生态环境的可持续发展和动态平衡；可持续的工程项目管理主体不仅仅是传统工程项目管理中施工方的管理组织，所有参与到工程项目的团队组织，如政府相关机构、供货商等，都作为可持续的工程项目管理的主体；可持续的工程项目管理的实施也离不开管理方法的多样性，同时可持续的工程项目管理要重视现代信息和先进技术的应用，实现各方面的协调发展，实现项目和环境的可持续发展。

　　可持续工程项目管理与传统工程项目管理的比较如表2-2所示。

表2-2　可持续工程项目管理与传统工程项目管理的比较

类别	可持续的工程项目管理	传统工程项目管理
管理对象与属性	重视实现经济、社会、生态环境等复合系统的统一，具有自然属性和社会属性	强调工程项目本身，对其管理具有自然属性，社会属性体现得不明显
管理目标	实现经济、社会、生态环境的可持续发展和动态平衡	质量、成本和进度三大目标
管理组织	所有参与到工程项目的团队组织	主要是施工方的项目管理组织
现代管理信息与技术	管理方法多样，重视现代管理信息和技术的应用	运用频率低

二、可持续工程项目管理原则

可持续发展的工程项目管理是由传统工程项目管理与可持续理念融合而来的，所以可持续的工程项目管理的流程与传统工程项目管理流程基本一致，但是在工程项目全生命周期的各个阶段由于可持续理念的渗入，使得可持续的工程项目管理的流程体现出可持续发展的影子，具体涉及项目建议书阶段、可行性研究阶段、设计阶段、招投标阶段、施工阶段、竣工验收运营阶段，以及更新改造和拆除阶段。各阶段相互联系、相互影响，共同构成特征鲜明的可持续的工程项目管理流程，如表2-3所示。

表2-3 可持续的工程项目管理流程

项目建议书阶段	可持续发展的理念融入工程项目中，体现在项目建议书中，并根据可持续发展的标准来制订工作计划
可行性研究阶段	对可持续理念下工程项目在技术上和经济上是否可行进行科学分析和论证工作，为项目决策提供依据
设计阶段	设计修改完善设计方案，满足可持续性要求；从项目的全生命周期角度来评价可持续发展对工程的设计和造价产生的影响
招投标阶段	向投标者提供可持续发展的方案，让投标者对此进行报价、竞价；鼓励投标者提出基于全生命周期成本节约的方案，并建立成本节约激励机制
施工阶段	综合运用可持续发展理念开展工程项目管理工作，重视建设过程中的环境保护、资源的高效利用及社会综合效益的提高
竣工验收运营阶段	在验收和运营中，重视检测工程项目是否达到预期的可持续性要求，总结相关经验
更新改造和拆除阶段	更新改造和拆除中，重视更新改造材料的选用和拆除中的环境保护，重视可持续理念的渗入

可持续工程项目管理高度重视将工程项目作为经济、社会、生态环境的复合系统统一，强调工程项目建设过程中要重视工程项目的生态效应、社会效应和经济效应，保障可持续建设的进行。在具体实施过程中要坚持以下三个原则。

1. 环境保护的原则

积极制定环境方针与环境保护规划，保障环境管理体系的有效运行；积极采用新技术、新工艺减少因建设过程引起的环境问题；重视对大型机械噪音的控制，降低对周边群众的影响；做好现场固体废弃物的处理，减少对环境的破坏；控制现场施工和运输过程中的降尘和飘尘的污染，做好空气污染综合防治；重视现场及周边水体的保护工作，防止水体污染。

2.减少资源浪费，提高利用效率的原则

尽量使用工程所在地区的建筑材料和可再生循环利用的材料；重视新技术、新工艺的采用，提升资源的利用效率；加强规划和管理，对已存在的建设设施如脚手架等进行重复利用。

3.提升社会各方面效益的原则

重视给予组织内部员工充分的尊重与关怀，提供健康、安全、公平、机会均等的工作环境，提供培训、给予参加决策的机会；与政府相关部门建立良好的关系，促进交流合作；与供货商建立合作伙伴关系，铺垫未来发展；重视企业社会责任，凸显企业正能量。

第三章　工程项目的可持续建设
策划与设计

第一节　工程项目可持续建设策划的程序

工程项目可持续建设的首要工作就是做好可持续建设的策划工作。工程项目可持续建设策划工作属于业主方项目管理的范畴。为了更好地贯彻执行工程项目的可持续建设工作，建设单位应该在工程建设前期就做好可持续建设的策划工作，从而在项目的实施阶段才能更好地进行可持续性设计、施工，也才能为项目建成后的运营管理提供更为有效的保证。

一、工程项目可持续建设策划的分类

（一）按策划的内容分

工程项目可持续建设策划从策划的内容上可以分为目标策划、实施方案策划等。目标策划一般包括节能目标的策划、环保目标的策划等；而实施方案策划又可以分为组织策划、实施程序的策划。

目标策划分为总体目标的设立和目标体系的分解。总体目标的设立最好可以用数字来表示，如节能效果达到多少、可再生能源的利用率达到多少等。然后在此基础上进行进一步的分解，设置更为具体的目标，用于指导后期的设计工作。在工程项目可持续建设目标策划的过程中要注意两点：一是要尽可能最大限度地减少不可再生资源的消耗和环境污染，使可持续建设的效果达到最佳；二是要综合考虑经济、环境等条件提出切实可行的目标，不能脱离实际，否则会出现目标设立过高而不能满足的情况。

有了既定的建设目标，下一步就是进行实施方案的策划。工程项目可持续建设的实施方案包括组织方案、实施程序等方面的策划。开展工程项目可持续建设工作的前提是建立相应的组织机构，从项目的组织模式出发，完善一个有序的组织形式，为工程项目的可持续建设工作奠定良好的基础。在组织策划的基础上，就可以进行工作实施程序的策划，包括针对设计、施工等在内的不同阶段的可持续性建设的实施程序，都有必要在工程建设初期进行详细的策划。为了有效实施项目的可持续建设工作，除了基本的组织方案策划和实

33

施程序策划之外，就业主的工作而言，还需要从建设前期的项目融资、实施阶段的招投标、合同管理等方面进行进一步的策划，从而将可持续建设的目标贯彻到每一个工作层面上。

（二）按策划的性质分

按照工程项目可持续建设策划的性质分，又可以分为组织策划、技术方案策划等。工程项目的组织策划是以工程项目的基本组织结构模式为依据，以工程项目的建设单位为核心，通过有效组织工程建设的参与各方，最终完成工程项目的可持续建设。其内容包括工程项目可持续建设的组织架构、工作的分解、工作职能和任务的分工等。工程项目的技术方案策划则是根据可持续建设的基本理论，运用多属性综合分析和评价的基本原理，对某一个具体的建设方案进行分析和评价，从而找出最优的工程项目可持续建设方案。工程项目的技术方案策划不仅涉及技术问题，而且要考虑经济、社会等诸多因素的影响。

另外，根据策划对象的性质不同，工程项目可持续建设的策划还可以分为新建建设项目的策划和改造既有建筑的策划；根据策划对象的用途不同，可以分为居住建筑的可持续建设策划、办公建筑的可持续建设策划、公共基础设施建设项目的可持续建设策划等；根据策划主体的不同，可以分为建设单位可持续建设策划、设计单位可持续建设策划、施工单位可持续建设策划等；根据策划的内容不同，可以分为建筑节能的策划、建筑环境保护的策划等。

二、工程项目可持续建设策划的程序

作为一项复杂的系统工程，工程项目的可持续建设策划必须遵循一定的程序进行。工程项目的可持续建设策划，是项目策划的一个重要分支。工程项目可持续建设的策划必须根据工程项目的特点，在对工程项目周边环境进行充分分析的基础上进行。

工程项目可持续建设策划大体可分为四个步骤。

第一步是项目环境调查分析以及项目的特点分析；

第二步是根据第一步的调查与分析结果提出工程项目可持续建设的目标并进行分析和论证；

第三步是根据既定的可持续建设目标提出切实可行的实施方案；

第四步是根据前三步的结果完成《工程项目可持续建设策划书》的编制。

（一）项目环境调查与项目特点分析

项目的环境调查应全面反映工程项目所在地的各种自然环境条件、社会环境条件等，调查的内容主要包括项目所在地土地资源的现状、项目所在地气候条件、项目所在地水资源的现状、项目所在地清洁能源的利用条件、项目所在地可再生资源的利用条件、项目所在地的社会环境状况、项目所在地的环境治理情况等方面。

项目的特点分析包括项目的性质、项目建设阶段的资源（包括能源）需求分析、项目建设阶段对环境的影响、项目运营阶段的资源（包括能源）消耗分析、项目运营阶段对环境的影响等。

（二）工程项目可持续建设目标的提出与论证

在进行详细的项目环境调查和项目特点分析的基础上，就可以提出项目可持续建设的总体目标。工程项目可持续建设目标应力求技术上可行、经济上合理、内容上具体。工程项目可持续建设的总体目标可以从节约能源的效果；清洁能源的利用率，土地、水等资源的有效利用情况，建设和运营过程中有毒有害物质的排放和治理情况，项目运营期结束后再利用要求等方面进行设定。目标的制定可以采用定量和定性相结合的形式进行。

在确立工程项目可持续建设总体目标的基础上，可以进一步通过目标分解确定细化的目标。由于工程项目的可持续建设是一个循序渐进的过程，工程项目目标的设置可以区分不同的层次进行。下面以我国的绿色建筑评价标准为依据，从工程项目的生命周期出发，对工程项目可持续建设的目标进行分解，如表 3-1 所示。

表3-1　工程项目可持续建设目标的分解

工程项目可持续建设目标体系	前期策划	场地建设不破坏当地文物、自然水系等； 建筑场地选址无洪涝灾害、泥石流等灾害，建筑场地安全范围内无危险源； 住区内部无排放超标的污染源； ……
	规划设计	人居居住用地指标符合要求； 住区建筑布局保证室内外的日照环境、采光和通风要求； 住区的绿地面积不低于30%，人均公共绿地面积不低于1m²； 建筑造型要素简约、无大量装饰性构件； 住宅水、电、燃气分户、分类计量和收费； ……
	施工	施工过程中保护环境，避免有毒有害物质的排放； 建筑材料中有害物质含量符合国家标准； ……
	运营	节能、节水、节材与绿化管理制度符合要求； 垃圾管理制度符合要求； ……

（三）工程项目可持续建设实施方案的形成

工程项目可持续建设实施方案应该在工程项目可持续建设目标的基础上，从项目的生命周期出发，围绕工程项目实施的各个环节加以制定。工程项目可持续建设实施方案的核心工作是建立工程项目可持续建设实施的组织，并对工程项目可持续建设工作进行分解和深化，明确工程项目建设在前期策划、工程设计、招标、施工、运营等各阶段的工作要点。另外，在实施方案中还要明确工程项目可持续建设实施过程中的技术难点和风险分析以及应对措施等内容。

（四）《工程项目可持续建设策划书》的编制

工程项目可持续建设策划的最后一步工作是编制《工程项目可持续建设策划书》。《工程项目可持续建设策划书》是工程项目可持续建设策划工作的总结，也是工程项目开展可持续建设的指导性文件。《工程项目可持续建设策划书》的主要内容一般应包括：

①工程项目概况与特点分析；

②工程项目可持续建设的方针和目标；

③工程项目可持续建设环境调查与分析；

④工程项目可持续建设方案论证；

⑤工程项目可持续建设技术导则；

⑥工程项目可持续建设的难点与风险分析；

⑦工程项目可持续建设的组织体系；

⑧工程项目可持续建设的工作任务分解与工作要点；

⑨工程项目可持续建设的职能分工；

⑩工程项目可持续建设监督和管理方案；

⑪工程项目可持续建设实施效果的验收和评价方法；

⑫附录。

除上述主要内容外，《工程项目可持续建设策划书》还可以明确策划书的编制、审核和发布流程等内容。作为工程项目可持续建设的指导性文件，《工程项目可持续建设策划书》应力求内容上具体、有针对性，从而为工程项目的可持续建设工作提供参考。目前，《工程项目可持续建设策划书》在内容和深度上还没有统一的规定，可以根据项目的特点和实际需要进行编制。附录的内容可以列出参考的各种法律法规和技术标准等。其中，可持续建设技术导则是可持续建设策划书中最重要的内容。由于技术导则涉及的内容比较多，某些情况下可以形成专门的技术性文件如《工程项目可持续建设技术导则》或者《工程项目可持续设计与施工导则》等。

（五）都灵冬奥会可持续建设策划

第26届冬奥会在意大利都灵举行。都灵位于意大利的北部，景色秀美。都灵冬奥会的组委会在举办冬奥会时除了注重体育、文化之外，还专门将保护环境和实现可持续发展作为一个重要的方针。在这一方针的指引下，都灵冬奥会进行了专门的可持续建设策划，并编制了《可持续设计、施工和运营导则》（以下简称《导则》）。

这本《导则》中明确了可持续建设的战略规划并详细列出了采用的一系列先进技术。规定了所有奥运会建设的居住、服务和办公用建筑都必须遵守这一导则的规定。内容主要有两大方面，一方面是列出了用于检查工程项目建设过程可持续性的编制指标；另一方面列出了保证控制指标实用有效的工具。

都灵冬奥会将所有设计、施工和运营管理人员所面临的可持续问题总结为以下 7 个方面的内容：

①充分利用气候资源；

②外部空间的环境质量；

③与环境的集成；

④资源消耗；

⑤环境载荷；

⑥室内环境品质；

⑦服务质量。

这 7 个方面的内容又进一步分解和细化，如表 3-2 所示。最后分解为易于操作和控制的 71 个规则卡。规则卡的内容包括以下几点：

①目标；

②定性的要求；

③定量的要求；

④相关策略与技术；

⑤控制指标；

⑥控制工具；

⑦标准和规范；

⑧相关要求；

⑨参考文献。

考虑到奥运项目中性质的不同，将所有的建筑分为三种类型：

① R——表示居住建筑；

② U——表示办公建筑；

③ S——表示服务建筑。

这本《导则》还专门提供了 3 个附录，附录 1 为环境评价工具，附录 2 为可续建设相关的法律法规，附录 3 为一些示范性案例。

表3-2 可持续建设要求

分类	子类	要求	编码
气候资源的利用	自然加热	被动太阳能系统	URC-Ris-1
	自然制冷	利用直接接地方法	URC-Rfn-2
		利用夜晚条件	URC-Rfn-3
气候资源的利用	自然通风	自然通风	URC-Vn-4
		树桩效应通风	URC-Vn-5

续表

分类	子类	要求	编码
外部空间的环境质量	热力学效果	表面温度控制	QAE-Tf-6
		气流控制	QAE-Tf-7
	噪音污染	区域外噪音的控制	QAE-Iac-8
		区域内噪音控制	QAE-Iac-9
	空气污染	区域外污染源控制	QAE-Iar-10
		现场污染源的控制	QAE-Iar-11
	电磁污染	低频电磁污染控制	QAE-Emf-12
		高频电磁污染控制	QAE-Emf-13
	通信方面	多知觉感知系统	QAE-Pc-14
与环境的融合	与风景的融合	生态系统的保护	INC-Ip-15
		区域环境特征	INC-Ip-16
	与文化的融合	传统建筑的保护和恢复	INC-Cm-17
资源消耗	建筑材料	物化能量	OCR-Ene-18
		运输能耗	CCR-Tras-19
	饮用水	节水	CCR-Acq-20
	供热	隔热	CCT-Ris-21
		加热系统的效率	CCT-Ris-22
		可再生能源的利用	CCT-Ris-23
	机械通风	通风系统的效率	CCT-Vm-24
	制冷	太阳辐射热的控制	CCT-Rfp-25
		热岛控制	CCT-Rfp-26
		暗管道通风系统	CCT-Rfp-27
		制冷系统的效率	CCT-Con-28
	热水生成系统	可再生能源的利用	CCT-Acs-29
		热水生成系统效率	CCT-Acs-30
	电的生成	光电系统	CCR-Fv-31
		混合生成系统	CCE-Cog-32
环境载荷	大气污染物排放	供暖系统排放控制	RCA-Ea-33
	排污	排污管理	RCA-Efl-34

续表

分类	子类	要求	编码
环境荷载	噪音排放	技术系统噪音控制	RCA-Ba-35
	拆除阶段固体废弃物	材料的循环利用性	RCA-Ric-36
		建筑构件的可拆卸性	RCA-Sep-37
	施工阶段的固体废弃物	选择性拆除	RCA-Ds-38
		惰性材料	RCA-Ine-39
	城市固体废弃物	城市固体废弃物倾倒控制	RCA-Rsu-40
	建筑材料	技术方面的环境效果	RCA-Efa-41
室内空气品质	视觉质量	白天	QAI-In-42
		外部可观赏性	QAI-Ve-43
		直接采光	QAI-Os-44
		照度均匀	QAI-Ui-45
		私密性	QAI-Pr-46
		房间变暗的可能性	QAI-Ob-47
		人工照明系统	QAI-Ia-48
	声环境	建筑围护结构噪音衰减功能	QAI-If-49
		用户之间的噪音衰减	QAI-Ip-50
		冲击噪音衰减	QAI-Fc-51
		连续建筑设备噪音的传输	QAI-Rc-52
		非连续设备噪音的传输	QAI-Rd-53
	热环境	冬季空气温度	QAI-Ct-54
		冬季室内温度	QAI-Ct-55
		夏季过热	QAI-Ct-56
	空气质量	通风	QAI-Ae-57
		排气装置	QAI-Ea-58
		相对湿度	QAI-Ur-59
		VOC含量	QAI-Ev-60
		氡控制	QAI-Rn-61
		污染物质	QAI-Di-62

续表

分类	子类	要求	编码
室内空气品质	电磁污染	低频区域	QAI-Emf-63
		高频区域	QAI-Emf-64
服务质量	适用性和灵活性	适应不同的技术要求	QS-Fa-65
		空间的灵活性	QS-Fa-66
	系统可控性	暖通系统的可控性	QS-Cr-67
	维护	减少运营维护中产生的固体废弃物	QS-Ma-68
		建筑围护系统的防护	QS-Ma-69
		技术系统的维护	QS-Ma-70
	性能的监视	各种资源/能源消耗的控制	QS-Mo-71

第二节　工程项目可持续建设方案的论证

一、工程项目可持续建设方案论证的依据

（一）法律法规

工程项目前期可持续建设目标论证的首要依据是我国颁布的各项法律法规。工程项目的可持续建设首先要遵守国家颁布的各项有关工程建设相关的法律和法规。除了《中华人民共和国建筑法》《中华人民共和国招标投标法》《中华人民共和国合同法》这些基本的法律法规之外，诸如《中华人民共和国环境影响评价法》等有关环境保护等方面的法律也是可持续建设工作必须遵循的依据。工程项目可持续建设目标论证的另外一个依据是我国颁布的各项标准和规范，如《绿色建筑评价标准》《建筑节能设计标准》等。

（二）项目的环境条件

工程项目可持续建设目标的确立必须遵循因地制宜的原则。就像我们不可能在风力资源很差的地方大面积推广使用风力发电一样，建设工程项目可持续建设必须考虑项目所在地的气候条件、原材料的供应情况等方面的因素，进行有针对性的策划。虽然世界各国出台了各种工程项目可持续建设的评价标准，但是这些标准在不同国家的适用性是不同的，即使在同一个国家，尤其是我国这样幅员辽阔的大国，由于南北方地域气候条件的差异，在实施可持续建设过程中也应该有不同方面的侧重点，不能脱离项目所在地的条件，生搬硬套地应用某一标准来确定可持续建设的目标。除了项目的自然环境条件之外，工程项目

可持续建设目标的确立还要考虑项目周边的社会环境条件。例如，在居民区附近建设的项目必须要考虑噪音对周边居民的影响问题，而在野外环境施工的情况下，就可以忽略这一问题，仅需考虑噪音对工程作业人员的影响问题。

（三）项目的经济条件

技术上先进合理、经济上可行是确定工程项目可持续建设目标必须遵循的基本原则之一。工程项目可持续建设目标的确立，必须考虑项目的经济条件。项目可持续建设目标的确立不能脱离经济条件的限制。即使在同一可持续建设总体目标的指导下，一个工程项目可能存在不同的可持续建设方案。对这些不同的建设方案，在工程项目可持续建设策划阶段需要进行建设方案经济评价，从而根据项目自身的经济条件，选择最合理的投资效果和最佳的可持续建设方案。因此，在确立工程项目可持续建设目标时，应该从经济条件出发，以工程项目的生命周期为背景，研究基于工程项目生命周期的最为经济的可持续建设目标。

二、工程项目可持续建设方案论证的内容

（一）建设项目的可行性研究

对于大型工程项目的建设，我国有一套系统的管理程序，从项目建议书到可行性研究，对项目要进行全方位的评价和论证，然后才进入实施阶段。

工程项目的可行性研究是项目决策前的重要工作内容。具体工作是在项目投资决策前对项目有关的技术、经济、社会等方面进行广泛而细致的调查研究，对各种拟定的建设方案进行技术经济分析和论证，并对项目建成后的经济效益进行科学的预测和评价，从而为项目的决策提供依据。

按照国家发展和改革委员会审定发行的《投资项目可行性研究指南》的规定，项目可行性研究一般包括以下内容：

①项目兴建的理由和目标；

②市场分析及预测；

③资源条件评价；

④建设规模与产品方案；

⑤场（厂）址选择；

⑥技术方案、设备方案和工程方案；

⑦原材料燃料供应；

⑧总图运输和公用与辅助工程；

⑨环境影响评价；

⑩劳动安全卫生与消防；

⑪组织机构与人力资源配置；

⑫项目实施进度；

⑬投资估算；

⑭融资方案；

⑮财务评价；

⑯国民经济评价社会评价；

⑰风险分析；

⑱研究结论及建议。

总之，可行性研究是在项目的决策阶段，通过深入的调查分析，回答为什么建这个项目，建多大规模，市场及资源情况条件如何，场（厂）选在何种地方，采用何种生产工艺，需要的外部条件如何，建设时间多长，需要多少资金，怎样进行融资，建成后的经济效益、社会效益和环境效益如何，该项目的建设会面临哪些风险等问题。这些问题可以为决策者提供有力的依据。

（二）建设项目的环境影响评价

对于建设项目的环境影响问题，我国已经建立了专门的建设项目环境影响评价制度。按照我国建设项目环境影响评价制度的要求，建设单位应当按照下列规定组织编制环境影响报告书、环境影响报告表或者填报环境影响登记表，具体要求是：

对可能造成重大环境影响的建设项目，应当编制环境影响报告书，对产生的环境影响进行全面评价；对可能造成轻度环境影响的，应当编制环境影响报告表，对产生的环境影响进行分析或者专项评价；对环境影响很小、不需要进行环境影响评价的建设项目，应当填报环境影响登记表。

建设项目的环境影响报告书应当包括：建设项目概况；建设项目周围环境现状；建设项目对环境可能造成影响的分析、预测和评估；建设项目环境保护措施及其技术、经济论证；建设项目对环境影响的经济损益分析；对建设项目设施环境监测的建议；环境影响评价的结论。环境影响报告书的一般格式和内容如表3-3所示。

表3-3 环境影响报告书的内容

章节	主要内容
总论	①环境影响评价项目的由来； ②编制环境影响报告书的目的； ③编制依据； ④评价标准； ⑤评价范围； ⑥控制及保护目标

续表

章节	主要内容
建设项目概况	①建设规模； ②生产工艺简介； ③原料、燃料及用水量； ④污染物的排放量清单； ⑤建设项目采取的环保措施； ⑥工程影响环境因素分析
环境现状（背景）调查	①自然环境调查； ②社会环境调查； ③评价区大气环境质量现状（背景）调查； ④地面水环境质量现状调查； ⑤地下水质现状（背景）调查； ⑥土壤及农作物现状调查； ⑦环境噪声现状（背景）调查； ⑧评价区内人体健康及地方病调查； ⑨其他社会、经济活动污染环境现状调查
污染源调查与评价	①建设项目污染源预估； ②评价区内污染源调查与评价
环境影响预测与评价	①大气环境影响预测与评价； ②水环境影响预测与评价； ③噪声环境影响预测及评价； ④土壤及农作物环境影响分析； ⑤对人群健康影响分析； ⑥振动及电磁波的环境影响分析； ⑦对周围地区的地质、水文、气象可能产生的影响
环保措施的可行性分析及建议	①大气污染防治措施的可行性分析及建议； ②废水治理措施的可行性分与建议； ③对废渣处理及处置的可行性分析； ④对噪声、振动等其他污染控制措施的可行性分析； ⑤对绿化措施的评价及建议； ⑥环境监测制度建议； ⑦环境影响经济损益简要分析； ⑧建设项目的经济效益； ⑨建设项目的环境效益； ⑩建设项目的社会效益
结论及建议	①评价区的环境质量现状； ②污染源评价的主要结论，主要污染源及主要污染物； ③建设项目对评价区环境的影响； ④环保措施可行性分析的主要结论及建议； ⑤从三个效益统一的角度，综合提出建设项目的选址，规模、布局等是否可行。建议应包括各节中的主要建议
附件、附图及参考文献	①附件主要有建设项目建议书及其批复，评价大纲及其批复； ②附图，在图、表特别多的报告书中可编附图分册； ③参考文献应给出作者、文献名称、出版单位、版次、出版日期等

目前，在我国建设项目方案论证的相关要求中，主要都是对建设项目总体建设方案的论证，缺乏对具体的深化方案的分类和论证要求。而在项目的建设策划阶段对具体的深化方案的分析和论证，对实施阶段遇到的各种问题进行深入剖析，显得更为重要。因此，在

可持续建设方案的策划过程中，应该将总体方案分解为细化的方案，对每一个细化的方案进行论证，这样对策划后的实施工作将具有更好的指导意义。

（三）可持续建设方案论证的主要内容

可持续建设的方案论证涉及技术的可行性论证、经济的合理性论证以及环境和社会效益的论证。技术可行性论证主要是对可持续建设中的技术方案进行论证。分析技术方案是否先进、成熟，在建设项目的实施过程中是否可行，是否有更好的替代技术等；经济的合理性主要是运用技术经济的分析方法，对可持续建设方案的成本和收益进行分析，计算投资收益率、投资回收期、净现值等经济指标，并通过比较不同方案的经济性，选择最优的建设方案；环境效益的论证主要是对所提出的可持续建设方案对降低大气环境污染、水环境污染、噪声污染、土壤及农作物环境污染、振动及电磁波污染方面，对降低周围地区的地质、水文、气象环境的影响方面，以及减少对人类的危害方面的综合效果进行分析，从而确定环境友好型的建设方案；社会效益论证主要是对所提出的可持续建设方案在改善社会环境条件，提高人们生活和工作质量方面进行深入的分析和论证。可持续建设方案的论证工作必须详细具体，尽量用数据和一手资料为依据。

工程项目可持续建设方案的论证可以分为不同的层次，从总体的建设方案的综合论证到每一个具体的技术方案的论证，层层深入，充分论证经济、社会和环境效益等各个指标，形成既有指导性又有可操作性的建设方案。

工程项目可持续建设总体方案可以从建设场地的选择与优化方案、水资源的有效利用方案、能源综合利用方案、可再生材料和资源的有效利用方案、提高室内环境品质方案等方面进行深化，对每个方面的方案都应从经济效益、社会效益和环境效益方面进行论证。

1.建设场地的选择与优化方案

建设场地的选择与优化方案中首先考虑的是建设项目的选址应分析比较不同的方案，尽量利用已有的建筑物或构筑物，避免占用耕地，避免将项目建在工程地质条件差的位置上，避免项目建设影响所在地的生态环境和自然景观以及方便运输等问题。

建设场地的选择优化方案所带来的经济效益包括减少地基处理费用、减少配套基础设施建设的费用、减少旅游资源的流失、减少运营过程中的运输和交通成本、减少生态环境破坏后的治理成本等。建设场地的选择与优化方案所带来的社会效益包括保护了景观和人文环境、有利于使用者的健康和安全、方便使用者的交通出行等。建设场地的选择和优化方案所带来的环境效益包括保护了耕地和湿地及生态系统、减少了能源的消耗、减少了环境污染等。

2.水资源的有效利用方案

水资源的有效利用方案包括采用雨水回收用于冲厕、浇灌，进行废水的回收利用，减少对地下水的开采和浪费，采用各种节水技术等。

水资源的有效利用所带来的经济效益是减少了用水量，降低了运营费用，同时减少了水处理的费用；水资源的有效利用所带来的社会效益是为我们的下一代节省了水资源；水资源的有效利用所带来的环境效益包括减少了淡水资源的消耗，降低了废水和污水的排放量，减少了环境污染。

3. 能源综合利用方案

能源的综合利用方案包括采取合理的空间布局以利于自然采光和通风，提高建筑围护结构性能，提高清洁能源的利用，采用节能技术等。

能源的综合利用所带来的经济效益包括减少了能源消耗量降低了运营成本，减少了设备负荷，节约了设备系统的投资，提高了运营效率；能源的综合利用所带来的社会效益包括提高了室内空间质量，促进了清洁能源产业的发展；能源的综合利用所带来的环境效益包括降低了煤、石油等不可再生燃料资源的消耗，减少了电力在生产和使用过程中对环境的污染。

4. 可再生材料和资源的有效利用方案

可再生材料和资源的有效利用方案包括提高拆除过程中既有建筑的回收利用率，采用可再生材料制成的建筑材料和构配件，建筑垃圾的回收和再利用，尽量采用建设项目附近的建筑材料等。

可再生材料和资源的有效利用所带来的经济效益包括减少了垃圾废物等的处理成本，减少了工程的建造成本等；可再生材料和资源的有效利用所带来的社会效益包括减少了不可再生资源的消耗，促进了可再生材料和资源有效利用产业的发展；可再生材料和资源的有效利用所带来的环境效率包括减少了木材砍伐带来的水土流失，降低了不可再生矿产资源的消耗，减少了固体废弃物的产生和对环境造成的危害等。

5. 提高使用环境品质方案

提高使用环境品质方案包括提高室内综合环境品质，降低室内噪音和空气污染，减少对使用者造成的危害，加强对室内环境品质的检测和控制，提高使用者的视觉质量等。

提高使用环境品质所带来的经济效益包括减少了用于处理各种恶劣室内综合品质所造成问题的成本，由使用者抱怨而带来的各种额外损失。提高使用环境品质所带来的社会效益是减少了由室内环境问题所造成各种疾病发生的可能性，提高了使用者的生活和工作质量，提高了社会的劳动生产率；提高使用环境品质所带来的环境效益包括保护了使用者的健康，减少了工程使用过程中造成的各种环境污染。

可持续建设方案的深化和论证是工程项目可持续建设策划过程中的一项重要工作。建设单位应以可持续建设的思想为指导，对各种可持续建设方案的经济、社会和环境效益进行综合评估，探求最优的可持续建设方案。可持续建设方案的形成，对建设单位后期的招标采购、委托设计和施工工作都有很好的指导意义。经深化的工程项目可持续建设方案，可以直接作为编制《设计任务书》的依据，用于指导工程项目的可持续设计工作。

第三节　工程项目建设的可持续设计

工程项目的可持续设计是实现工程项目可持续建设的最重要环节之一。在可持续发展思想的指导下，如何最大限度地减少不可再生资源的消耗和避免环境污染，如何最大限度地利用清洁能源，提高工程项目的节能效果，保证人民在建筑物中活动的健康和舒适，都是工程项目可持续设计必须认真思考的问题。

一、工程项目建设可持续设计的分类

由于工程设计具有多学科多专业设计的特点，因此，工程项目的可持续设计工作按照专业的不同、实现功能的不同以及设计范围的不同可以划分为不同的种类。

（一）按照专业不同划分

工程项目的可持续设计，按照专业的不同，可以划分为可持续的城市设计、可持续的居住区规划与设计、可持续的建筑设计、可持续的结构设计、可持续的设备系统设计等。涉及的专业人员包括规划师、建筑师、结构师、设备系统设计师等。由于专业性质的不同，设计人员在进行可持续设计时的侧重点也不一样。城市规划和设计人员更多考虑的是土地资源的有效利用等城市可持续发展问题；建筑设计师则从自然采光、通风照明、建筑环境、建筑物理的角度进行可持续设计；结构设计师通常从结构体系优化、结构材料选用等方面进行可持续设计；设备系统设计师则从节能、节水、清洁能源利用等方面进行可持续设计。可以看出，不同专业的设计从业人员在工程项目的可持续设计中扮演着不同的角色。只有各专业的设计从业人员将持续设计的理念融入各自的设计方案中，并通过充分有效的协调沟通进行设计技术的集成，才能真正实现工程项目的可持续设计。

（二）按照实现功能不同划分

按照实现功能的不同，工程项目的可持续设计又可以分为几个方面，一是定位于节能、清洁能源有效利用的设计，如综合利用太阳能设计、综合利用风能设计、空调系统节能设计、供暖系统节能设计、增强围护结构保温隔热性能的设计等；二是定位于资源节约和有效利用的设计，如节水系统设计、可再生材料的选择和综合利用的设计等；三是定位于降低环境污染方面的设计，如减少温室气体排放量的设计、生态绿化设计等；四是提高使用者舒适度、保证使用者健康和安全的设计，如提高室内热环境、声环境、光环境质量的设计，降低有毒有害物质对人体造成危害的设计，等等。这些设计都是提高建筑物可持续性能的设计，也是最终衡量建筑是否达到可持续性标准要求的设计。

（三）按照设计范围不同划分

按照设计范围的不同，工程项目的可持续设计可以分为局部性能优化的设计和建筑物综合可持续性能优化的设计。局部性能优化设计一般是针对某一个局部功能的优化设计，如空调节能系统优化设计、建筑节水系统设计、建筑绿化系统设计等；建筑物综合性能优化设计则需要综合考虑建筑物在节能、环保、资源有效利用与使用者舒适度等各方面的性能。实现建筑物综合性能的优化设计是最难的，需要各专业的紧密配合，还需要用多目标优化的方法对设计方案进行综合分析，才能得到理想的结果。

二、工程项目建设可持续设计的内容

（一）基于建筑节能思想的设计

节能设计是可持续设计的重要内容。节能设计可以分为空调系统节能设计、供热系统节能设计等。而根据设计技术的不同，空调系统节能设计又可以分为空调用制冷系统的节能设计、变风量空调节能设计、蓄冷空调设计、热量回收设计等。供热系统节能设计又可以分为地辐射系统供热设计、锅炉供热系统节能设计等。

1. 空调系统节能设计

制冷系统所消耗的能源占整个系统消耗总能源的 40% ～ 50%。因此，制冷系统的节能设计是空调系统节能的关键环节。制冷系统的节能可以通过选择合理的制冷剂和制冷循环、合适的压缩机和设计参数以及有效的制冷装置控制方式进行设计。一般情况下，选择制冷效率高的制冷剂对节能有利，压缩式制冷循环的制冷系数要比吸收式循环高。根据不同的制冷系统选择合理的压缩机也是减少能耗提高制冷系数的重要措施。压缩机的容量应该与负荷相匹配。压缩机的频繁启动会造成能量的损失，因此压缩机最好选择具有根据负荷变化而进行能量调节的装置。小型系统中应该首选活塞式压缩机。设计参数的设置包括被冷却物的温度、蒸发温度、冷凝温度、过冷温度等。在确定被冷却物的温度时应该在满足工艺要求的情况下尽可能取的高一些，通过减少制冷负荷和提高蒸发温度来节省能量消耗。制冷装置的调节是否及时也是空调系统节能的关键问题之一。目前，空调制冷装置的调节有多种方式，采用最佳工况调节可以使制冷装置保持在最经济合理的工况下运行，从而最大限度地降低水、电的消耗。

变风量空调系统是一种有效的节能空气调节方式。变风量空调系统可以实现每个房间根据需要自动调节温度。整个系统可以根据负荷的要求和使用者的需要调节送风量，空调可以根据负荷情况运行，从而降低运行能耗。

蓄冷式空调系统又称为热能储存系统，是指在夜间用电低谷时开启空调制冷系统制冷并将冷量储存起来，等到白天用电高峰时再释放出来用于制冷，起到削峰填谷的作用。按照蓄冷介质的不同，蓄冷技术分为冰蓄冷、水蓄冷和共晶盐蓄冷 3 种方式。蓄冷空调设计对于降低高峰用电时的电力负荷，提高电力系统的运行效率有着重要的意义。

通过热交换器吸收排风中的能量可以实现空调系统的节能。从排风中回收热量的热交换器有转轮式、板翅式、热管式、热回收回路式等方式。板翅式热交换器又可以分为全热交换器式热交换器和显热交换式热交换器。设计人员应该根据不同的情况选择合理的热交换装置。

2. 供热系统节能设计

供热也是建筑能耗的一个重要方面。目前，锅炉供热是我国很多地区供热的主要方式。在锅炉供热的节能设计中要注意避免锅炉启停过程中造成的燃料资源浪费以及环境污染。另外，由于锅炉供热系统风量水量在通常的调节方式下，电机负载基本保持不变，这会消耗大量的电能。通过采用变频调速技术进行锅炉供热系统的设计，能够大大节约能耗。根据使用热媒的不同，锅炉供热系统可以分为热水供热系统和蒸汽供热系统。与蒸汽供热系统相比，热水供热系统输配损失少，热量输出均匀、燃烧工况稳定。因此，热水供热系统比蒸汽锅炉供热系统更节能。管网热损失也是供热系统耗能的主要原因之一。为了减低外网在输送热量时的热损失，应在外网系统中增设保温材料，并增大保温层厚度，从而减少热损失，降低能耗。

在供热系统节能设计中，应根据不同情况采用节能的供热方式。通常情况下，采用低温地板辐射供热系统比普通散热器供热系统更为节能；采用地源热泵供热比传统的供热系统要更加节能环保。热电联产技术是提高能源利用效率的一种有效技术。热电联产技术不仅能够减少发电过程中的冷源损失，而且能够提高设备利用率，减少环境污染，是供热系统设计中应优先考虑的技术。

3. 自然通风设计

除了对空调系统装置进行节能设计之外，还应该根据当地夏季的主导风向，充分利用建筑物周围地形、树木和周边环境，加强自然通风设计。通过合理的设计，可以使建筑物在热压、风压作用下进行自然通风，从而有效节约能耗，为使用者提供更为健康舒适的生活和工作环境。

自然通风有两种形式：一是在热压作用下的自然通风；二是在风压作用下的自然通风。热压作用下的自然通风是在室内外温差造成的热压差作用下，形成空气流动，制造自然通风。风压引起的自然通风原理是室外气流通过建筑物时，会发生绕流，并在建筑物的顶部和后侧形成弯曲循环气流，在屋顶上部的回流空腔和建筑物背风面的回旋气流区的净压力均低于大气压力的情况下形成通风。

在建筑设计中，应根据情况尽量利用热压、风压差形成自然通风。例如在空间设计中，应尽量考虑与结构体系相配合，结合楼梯间、中庭等功能区域，形成烟囱效应，实现竖向通风。另外，在建筑的设计中应尽可能通过洞口高度差的设计，使出风口高度大于进风口高度，强化自然通风。此外，通过控制压力体型系数差也可以达到自然通风的目的。例如，考虑将进风口设计朝向与夏季主导风向尽量一致，采用挡风板及调整风压系数的方法进行导风调整等。除了上述措施外，还可以通过建筑物的体型设计和不同建筑物之间的空间组合设计，制造有效的通风环境，达到自然通风的目的。

4. 自然采光与遮阳设计

建筑的照明能耗是建筑能耗的一个重要组成部分。据统计，建筑照明能耗约占建筑总能耗的40%～50%。另外，由于照明而产生的额外的冷负荷也会增加建筑的制冷能耗。目前，采取有效措施提高自然采光所占的比例，不仅能降低建筑物的能耗，还能改善建筑室内的光环境，提高舒适度。为了提高自然采光的效率，可以从几个方面加以考虑：一是通过建筑设计提高采光度，如合理确定窗地面积比等；二是提高采光材料的性能，如采用一些诸如光敏、热反射玻璃等新型采光玻璃；三是合理调整建筑物的朝向，提高采光效率等。

在进行建筑采光设计的同时，还要考虑建筑的遮阳问题。建筑遮阳系统的设计可以从遮阳板、百叶、隔栅等的选用着手进行。通常情况下，建筑遮阳系统设计应与建筑外立面设计结合进行，以便相互协调。有效的遮阳系统设计不仅能满足改变光照强度、光照均匀度，调整室内光环境的要求，而且会给建筑物的外立面带来美化效果。如果将遮阳设计与绿化设计结合起来，则会起到更好的效果。

5. 建筑围护结构的设计

建筑围护结构的设计也是影响建筑能耗的一个重要方面。首先，在围护系统设计中，要选择保温隔热、热容量、气密性等性能符合要求的围护结构材料，并且这些材料最好是能够可再生利用的材料。围护结构材料的选用应根据当地的气候条件特点进行，不能生搬硬套，如在干热气候中宜选用高热容量的材料，而在湿热气候中则宜选用低热容量的材料。其次，在围护系统设计中，应考虑尽量减少气候因素对围护结构的影响，合理布置建筑物的位置和朝向，合理确定建筑物的体型系数等。另外，建筑围护结构也可以与绿化设计结合起来，如在屋顶和外墙进行绿化等，从而使围护结构的保温、隔热、隔音等效果达到最优。

（二）基于可再生能源综合利用的设计

1. 太阳能的综合利用

利用太阳能作为建筑能源是可再生能源利用的重要内容。我国有着十分丰富的太阳能资源，约有三分之二以上的地区都具有综合利用太阳能的良好条件。尤其是在我国北方冬季需要大量供热的地区，都有着十分丰富的太阳资源。如何将这些太阳能资源加以有效利用，满足北方地区的供热要求，是建筑能源供应设计中必须解决的问题。

（1）太阳能供热系统设计

太阳能供热系统设计包括集热器、蓄热器、辅助热源、配热系统及控制系统的设计。集热器的选择和安装设计是太阳能供热系统设计的第一环。太阳供热系统通常采用平板式太阳能集热器。安装方式有很多种，在选择安装方式时，可以和建筑设计同时进行。通常的安装方式是直接放在斜屋顶上，这种方式受日照时间长，集热量大；在高纬度地区可以安装在垂直的墙面上。根据蓄热器蓄热方法的不同，可以分为显热储存、潜热储存和化学能储存3种形式。蓄热介质可以选择水、岩石、土壤及其他材料。如果太阳能不能完全满足建筑的供热要求，还要进行辅助热源的设置。太阳能供热系统的散热设备有不同的种类，包括暖气片、顶棚辐射板、风机盘管、地面辐射板等。控制系统的设计应满足可以对不同情况下的太阳能供热系统进行有效控制，提高太阳能的利用效率。

（2）太阳能暖房设计

太阳能暖房是北方寒冷地区利用太阳能的一种有效方式。太阳能暖房设计包括主动式和被动式两种：主动式通过专门的集热器、蓄热器、管道、风机和泵等设备来收集、蓄存和输送热量；被动式则不借用其他装置，仅通过提高建筑物围护结构的热工性能，利用建筑设计和构造处理达到供热的目的。

按照使用媒介的不同，主动式太阳能暖房可以分为空气式和热水式两种。与热水式相比，空气式太阳能暖房不需要进行防冻处理，也不存在过热气化的问题。但是其所用管道投资较大。比较而言，热水式太阳能暖房则造价相对低廉。按照太阳能利用方式的不同，太阳能暖房又可以分为直接式和间接式两种。直接式是将太阳能加热的媒介直接用来供热。间接式则是将太阳能加热的热水经过热泵将温度进一步提高后再用于供热。被动式太阳能暖房按照太阳能利用方式的不同，又可以分为直接供热式、集热墙式和附加阳光间式。直接供热式是太阳能通过窗体直接进入室内的供热方式。集热墙式则是利用集热墙吸收阳光，然后把热量输送到室内。为了提高集热效率，集热墙一般被涂成暗色。集热墙有多种形式可以选择，包括实体式集热蓄热墙、对流环路式集热墙、水集热墙、相变材料集热墙等。附加阳光间式是上述两种的混合式集热形式，即在建筑物外侧专门建阳光间，中间用带门窗和通风孔的墙体把室内空间和阳光间隔开。这种形式是一种比较灵活的太阳能利用方式。

除了供热之外，利用太阳能产生的热能还可以用来进行空调制冷。太阳能空调设计也是太阳能利用的一个方向。

2. 风能的综合利用

风能也是清洁能源的一种。在我国，有很多地区有着很好的风力资源。世界各国都将风力发电作为可再生能源利用的一种重要途径。我国也在新疆等地区大量推广风力资源的开发和利用。风力发电是综合利用风力资源的主要方式，风力发电设备的初期投入比较高。随着风力发电的逐渐普及和规模化，风力发电设备的成本将会逐渐降低。目前，荷兰等国家在风力发电方面有着十分先进的技术，我国在这一领域的工作尚处于起步阶段，但是发展前景广阔。

（三）基于建筑生态环境绿化思想的设计

1.建筑生态绿化设计的作用

绿色植物对人体的作用是众所周知的。我国的居住区设计中明确规定了居住小区的绿化指标，这是我国提高居住区环境质量的重要举措。居住小区的绿化问题，不仅是指在小区内空地上种植绿色植物，更重要的是在建筑物上通过构造处理种植绿色植物。建筑生态绿色设计的作用有以下几个方面：

①通过种植绿色植物，可以给人们带来良好的居住环境，提高空气品质，有助于使用者的身体健康；

②通过绿色生态设计，在屋面、外墙、阳台、窗台上种植绿色植物，不仅可以有效提高居住区的绿化率，而且可以减少土地资源的使用，达到节地的目的；

③通过合理的设计，可以使绿色植物与建筑物融为一体，不仅能提高使用者的舒适程度，还可以将绿色植物与建筑物的外围护结构有机结合起来，达到保温隔热的效果，起到建筑节能的作用；

④通过种植绿色植物，可以起到防风、降尘、减少噪声污染对使用者危害等作用，另外，绿色植物通过光合作用，可以吸收空气中的二氧化碳，减少温室气体的排放，同时还能为使用者提供充分的氧气资源；

⑤通过合理的绿色生态设计，能美化环境，提高建筑物的观感质量，使建筑物赏心悦目。

因此，对建筑物进行绿色生态设计是工程设计阶段必须认真考虑的问题。通过有效的生态绿化设计，可以在提高绿化率的同时为建筑物带来很多衍生的功能，对于实现工程项目的可持续建设是十分有益的。

2.建筑生态绿化设计的内容

按照生态绿化设计所涉及建筑物空间部位的不同，生态绿化设计可以分为外围护结构绿化设计、室内绿化设计和室外绿化设计等。外围护结构按照绿化位置的不同又可以分为屋面绿化设计、外墙绿化设计、散水绿化设计、窗台及阳台的绿化设计等。各种绿化设计的内容和要求如表3-4所示。

表3-4　建筑生态绿化设计的内容

绿化设计技术分类	主要的设计内容	作用
室内绿化设计	①绿化植物的选用 ②绿化植物的布置 ③景观效果	①提高室内环境品质 ②丰富室内环境景观

绿化设计技术分类		主要的设计内容	作用
外围护结构绿化设计	屋面绿化设计	①绿化植物的选用 ②培植方法选用 ③景观效果	①丰富屋面景观 ②保温隔热 ③提高空气质量
	外墙绿化设计	①绿化植物的选用 ②景观效果	①丰富外墙景观 ②保温隔热 ③提高空气质量
	散水绿化设计	①绿化植物的选用 ②景观效果	①丰富建筑室外景观 ②提高空气质量
	其他（窗、阳台）设计	①绿化植物的选用 ②景观效果	①丰富建筑室内外景观 ②提高空气质量 ③遮阳
室外绿化设计		①绿化植物的选用 ②景观效果	①提高室外空气质量 ②防风、防尘、减少噪声污染、遮阳

室内绿化设计的作用是提高室内空气品质，并丰富室内环境景观。为了达到这一目的，在绿化植物的选用上首先要考虑在室内能自然生长并成活的绿色植物。目前，我国很多公共建筑中（如机场候机楼、火车站）都采用绿色植物来美化环境，但是这些绿色植物由于受到生长条件的限制，往往难以成活，我国有些公共建筑从纯粹美观的角度选用一些通过手工加工而成的仿绿色植物，这对于提高室内空气品质的作用不大。因此，室内绿化设计应该优先选用能自然成活的绿色植物，并考虑该植物是否能对净化室内空气起到作用。

外围护结构的绿化设计包括屋面的绿化、外墙的绿化、散水的绿化以及其他诸如阳台、窗台等绿化的设计。屋面的绿化设计是近年来发展生态建筑的一个重要方向。屋面绿化设计的方法有以下几种。第一种是采用可以在屋面生长的绿色植物进行自然绿化。这些植物生存力比较强，不需要特别的维护，仅凭屋面的阳光和雨水作用即可自然生长。这种绿化方式可以大大节约屋面绿化的成本，但是由于这些植物的品种受一定的限制，多为爬藤类植物，对于屋面综合绿化景观效果来讲有一定的不足之处。第二种是在屋顶结构设计时考虑设置钢筋混凝土花架或者花槽，在上面摆放和种植绿色植物，采用软管供水浇灌。第三种是在屋面直接设置蓄土种植层，上面种植绿色植物，这种方式会增加屋面荷载。为了降低蓄土种植屋面荷载并提高屋面植物的生长效果，延长绿化期，可以采用屋面轻质温室种植来进行屋面绿化。这种温室种植的方式不仅对屋面植物生长有很好的效果，还可以更大程度地提高屋面的保温和隔热效果。外墙绿化设计的关键是绿化植物的选用，我国很多的旧建筑就采用了外墙绿化技术，所用的绿化植物多为攀藤类植物，不仅能起到美化的效果，还能提高墙体的隔热作用。散水的绿化通常是在散水上设置200～300mm厚的土层作为种植层，上铺20mm厚的豆石层，然后种植灌木和乔木等绿色植物即可。散水绿化不仅可以起到保温隔热的作用，而且对于防止冷（热）桥的产生有着很好的作用。另外，在建筑物的窗台、阳台种植一些绿色植物不仅能美化景观，而且能净化室内外空气，也是绿色设计应该考虑的问题。

室外绿化是工程项目绿化投资比率最大的一部分。室外绿化设计除了要满足我国对于绿化率的要求之外，还要考虑充分发挥室外绿化在防风、防尘、降低噪音污染、吸收有毒有害气体等方面的作用。另外，通过在建筑物周围进行合理的绿化设计，还能起到遮阳隔热的作用。与室内绿化不同的是，室外绿化需要更多地考虑当地的气候条件，以便选择最健康也最适合当地气候条件的绿化植物。

（四）基于资源集约化利用思想的设计

资源集约化利用与其说是一项工作，不如说是一种思想。其内涵涉及很多方面，例如：在工程设计中，最大限度地节约土地资源，实现土地资源的集约化利用；通过有效的节水设备和节水系统的设计最大限度地节约水资源，并实现水资源的合理循环应用；在设计中尽量选用可再生的建筑材料；等。资源集约化利用的思想应该贯彻到建筑、结构、设备等各个专业的设计中，并且各专业的设计应互相协调，才能实现工程综合集约化设计的最优目标。

我国地域辽阔，但是由于人口比较多，人均可耕地水平比较低，因此，实现土地资源的集约化利用是工程项目建设过程中必须认真思考的问题。工程项目建设过程具有不可逆性，如果一旦在耕地资源上建造了建筑物，即使有一天这个建筑物拆除了，但是其下面的土地很难再重新作为耕地被使用。因为建筑物下面的桩基础已经大大改变了土地的结构和性质。因此，必须十分慎重地对待建筑用地规划。土地资源的集约利用，体现在工程项目的设计上，往往需要增加建筑密度，增加容积率，但是这又和减少居住密度，提高人们居住质量存在着一定的矛盾。要协调好这两个问题需要设计人员的智慧和创造力。设计师应该通过灵活的规划布局和巧妙的规划设计，在有限的土地资源上建造功能丰富、满足需要的建筑物。如果能够提高建筑物的使用效率，使其具有多种功能，实现一物多用，也从另一个角度节约了土地资源。

在我国北方地区水资源严重不足的情况下，节水问题就显得尤为重要。工程项目设计中的节水问题有三层含义：第一层含义是通过有效的节水系统的设计，选用节水设备，根据用户需求对建筑物的用水过程进行有效控制，达到节水的目的，这也是我们一般理解的节水概念；第二层含义是将建筑物使用后的废水经过过滤、沉淀等多道处理之后进行再利用，如冲厕、洗车等，这就需要在工程设计中专门增加水处理的设计方案；第三层含义是利用雨水等可再生水资源，如在建筑屋面设计专门的雨水收集系统，然后将收集的雨水提供给建筑物使用。

工程的集约化设计问题还体现在可再生材料的使用上。在工程设计过程中应贯穿"4R"的思想，即"Reduce"，在满足相同功能的前提下尽量减少材料不可再生资源的消耗，降低环境污染；"Renewable"，在设计中尽量使用可再生的材料资源；"Recycle"，在设计中考虑材料的回收，设置建筑废弃物回收系统；"Reuse"，在设计中尽量考虑使用可以重复利用的旧材料。这些都是工程设计中应该考虑的问题。

（五）基于环保与健康思想的设计

环保设计有两个方面的意思。一方面是要在工程项目设计中，采用环保技术，减少工程项目建设和运营中对环境的污染和危害。例如，在污染性大的工厂设计中做好废气、废水等处理系统的设计。另一方面是在工程项目的设计中融入环保设计的思想，选用环保型的建筑材料，采用环保型的建筑结构，最大限度地减少不可再生资源的消耗，将工程在建设和使用阶段对环境的影响降到最低。同时，降低室内有害有毒物质的含量，控制各种污染源，保证工程能够为使用者提供健康舒适的使用环境。世界卫生组织针对健康住宅提出了 15 条标准，内容包括：

①会引起过敏症的化学物浓度低；

②尽可能不使用容易散发出化学物质的胶合板、墙体装修材料等；

③设有性能良好的换气设备，能将室内污染物排出室外，特别是对高气密性、高隔热性住宅来说，必须采用具有风管的中央排气设备；

④在厨房灶具或吸烟处，要设置一部排气设备；

⑤起居室、卧室、厨房、厕所、走廊、浴室等要常年保持在 17℃～27℃之间；

⑥室内的湿度常年保持在 40%～70% 之间；

⑦二氧化碳浓度要低于 $1L/m^3$；

⑧悬浮粉尘浓度要低于 $0.15mg/m^3$；

⑨噪声级要小于 50dB；

⑩一天的日照要确保在 3h 以上；

⑪设有足够亮度的照明设备；

⑫住宅具有足够的抗自然灾害的能力，具有足够的人居建筑面积，并确保私密性；

⑬住宅要便于护理老龄者和残疾人；

⑭住宅竣工后，要隔一段时间入住并进行充分的通风换气。

对上述标准，一些学者还进行了补充，如提高居住空间的私密性、便于护理老人和残疾人、避免儿童使用中的各种不安全因素等。从这些标准中我们可以看出，工程项目的健康设计问题需要考虑很多内容。随着我国经济的飞速发展，人民生活水平的日益提高，对生活空间的健康和舒适的要求越来越高，建筑物不仅是一个简单的遮风挡雨的空间，更是一个为人们提供舒适的室内光环境、热环境、声环境的场所。

三、工程项目可持续设计的管理

（一）工程项目可持续设计管理程序

工程项目的设计工作是工程项目可持续建设的最重要工作之一。为了将可持续策划的思想贯穿设计过程，形成可持续的设计方案，必须做好可持续设计的管理工作。

在我国传统的工程项目设计管理程序中，通常由建设单位通过设计任务书明确设计的要求，并委托设计单位进行工程项目的设计工作，设计单位负责工程的方案设计、初步设计和施工图设计。而设计单位在设计过程中，由于缺乏足够的进行可持续设计的积极性，又缺乏对设计方案的可持续性进行审查和监管的专业化咨询机构，往往会影响可持续设计工作的实施。因此，为了更好地推动可持续设计工作的开展，建设单位应根据情况委托专门的可持续设计咨询（顾问）机构对设计单位的可持续设计工作进行咨询和监督。

建设单位在委托设计单位进行设计的同时，也应专门委托专业化的可持续设计顾问单位，对设计过程进行咨询、监督和管理，并在设计方案的最终形成阶段进行专业化的检查。为了做好设计方案的最终检查和评价工作，可持续设计顾问应该专门编制可持续设计检查表。

（二）工程项目可持续设计检查表

可持续设计检查表的编制，应该从可持续建设的基本思想出发，按照《工程项目可持续建设策划书》的要求进行，检查表的内容应具体全面，并有一定的可操作性。在编制可持续设计检查表时，可以参照一些国际通行的工具进行，例如，美国的绿色建筑评价体系LEED、多国研制的绿色建筑评价工具 GBTool 等。可持续设计检查项目如表 3-5 所示。

表3-5 工程项目可持续设计检查表

检查项目	检查情况
A 场址选择、项目规划和开发	
A1 场址选择	
A1.1 选择用地与生态价值	
A1.2 选择农业耕地的情况	
A1.3 选择易受洪水攻击的用地情况	
A1.4 建设项目对周围水体的潜在污染	
A1.5 选择被污染的土地的情况	
A1.6 场址与公共交通的接近度	
A1.7 居住区域与工作中心的距离	

检查项目	检查情况
A1.8 与交通和文化设施的距离	
A1.9 与公共绿地空间的距离	
A2 项目规划	
A2.1 可再生能力的评价	
A2.2 集成的设计过程	
A2.3 环境影响评价报告的准备	
A2.4 地表水管理规划	
A2.5 饮用水处理系统规划	
A2.6 饮用水与废水分离管理系统的规划	
A2.7 固体废弃物收集和再利用规划	
A2.8 建筑朝向能最大限度地利用太阳能资源	
A3 城市设计与项目开发	
A3.1 规划密度	
A3.2 项目功能的多重利用	
A3.3 与现存街景的相关设计	
A3.4 城市设计与地方文化的相容性	
A3.5 历史文化遗产的保护	
A3.6 有利于自行车使用的规划	
A3.7 私人交通工具的规划管理	
A3.8 公共绿地空间的提供	
A3.9 本地植物的使用	
A3.10 使用具有遮阳和吸收二氧化碳的植物	
A3.11 野生动植物走廊的开发和保护	
B 能源与资源的消耗	
B1 生命周期不可再生能源的消耗	
B1.1 建筑材料中物化能量的消耗	
B1.2 建筑运营中能源的消耗	
B2 建筑运营过程用电峰值	
B3 可再生能源	

检查项目	检查情况
B3.1 规划使用场外的可再生能源	
B3.2 规划使用现场的可再生能源	
B4 建筑系统的调试	
B5 材料	
B5.1 对既有结构的利用规划	
B5.2 回收材料的利用规划	
B5.3 场外可再生材料的利用规划	
B5.4 生态产品的利用规划	
B5.5 混凝土中水泥替代品的利用规划	
B5.6 当地材料的利用规划	
B5.7 可拆解、重复利用和再循环设计	
B6 饮用水	
B6.1 材料中所含的水	
B6.2 限制将饮用水作为场地灌溉用水用量的设计	
B6.3 建筑系统和使用者用水方面的节水设计	
C 环境载荷	
C1 温室气体排放	
C1.1 建筑材料造成的温室气体排放	
C1.2 建筑运营过程中年消耗能源造成的温室气体排放	
C2 其他大气污染	
C2.1 设计考虑运营过程中尽量减少臭氧层破坏物质的排放	
C2.2 设计考虑运营过程中尽量减少造成酸雨物质的排放	
C2.3 设计考虑运营过程中尽量减少造成光氧化物质的排放	
C3 固体废弃物	
C3.1 监测并减少在建设和拆除过程中固体废弃物的总量	
C3.2 设计考虑运营过程中减少固体废弃物的排放	
C4 雨水、暴风雨和废水	
C4.1 物化的废水	
C4.2 设计中考虑减少建筑物废水的排放	

检查项目	检查情况
C4.3 设计中考虑最大限度的雨水再利用	
C4.4 设计中考虑减少暴风雨下未处理的水流向场外	
C5 场地的影响	
C5.1 采取措施尽量避免对现场水系和其他自然特征的影响	
C5.2 采取措施尽量避免在建设过程中对土壤造成的危害	
C5.3 高层建筑周围的不利风环境控制	
C5.4 考虑减少有毒物质对现场的危害	
C6 其他现场和区域的影响	
C6.1 工程对邻近建筑物采光和利用太阳能的影响	
C6.2 设计中考虑累计的热转换对湖水或者地下水层的影响	
C6.3 景观美化区域的热岛效应	
C6.4 屋面的热岛效应	
C6.5 光污染	
C6.6 电站的汞污染	
C6.7 电站的核废料污染	
D 室内环境品质	
D1 室内空气品质	
D1.1 建筑材料的防护	
D1.2 使用有毒有害物质含量小的室内装饰材料	
D1.3 设计中考虑限制用户间的污染传播	
D1.4 设计中考虑对使用者在使用中产生的污染物质的控制	
D1.5 设计中考虑限制二氧化碳浓度	
D1.6 设计中考虑工程运营中对 IAQ 的监控	
D2 通风	
D2.1 设计中考虑最大限度地利用自然通风	
D2.2 设计中考虑对机械通风及空气质量达到一个满意的水平	
D2.3 设计中考虑实现机械通风时的最大空气流动	
D2.4 设计中考虑实现机械通风效果的最大化	
D3 空气温度和相对湿度	

检查项目	检查情况
D3.1 设计中考虑机械通风下能维持可接受的温度和相对湿度	
D3.2 设计中考虑自然通风下能维持可接受的温度和相对湿度	
D4 采光与照明	
D4.1 设计中考虑主要使用区域的采光达到可接受的程度	
D4.2 设计中考虑最大限度地减少非居住区域的眩光	
D4.3 非居住区域的照明水平与质量	
D5 噪音	
D5.1 外窗的噪音衰减	
D5.2 建筑设备噪音的控制	
D5.3 主要使用区域间的噪音互扰	
D5.4 主要使用空间的噪音控制设计	
D6 电磁污染	
E 建筑系统的功能和可控性	
E1 空间利用效率	
E2 电力不足时核心功能的维持	
E3 可控性	
E3.1 设置控制系统	
E3.2 建筑技术系统的局部运营	
E3.3 非居住空间的照明控制	
E3.4 使用者对系统的单独控制	
F 长期性能	
F1 建筑围护系统的维护	
F2 灵活性和适应性	
F2.1 建筑技术系统的可调整能力	
F2.2 受结构限制的情况	
F2.3 受层高限制的情况	
F2.4 受建筑围护系统和技术系统限制的情况	
F2.5 适应今后能源供给系统类型变化的能力	
F3 运营性能的维护	

检查项目	检查情况
F3.1 设计中考虑性能实施监控和校核系统的设置	
G 社会和经济性	
G1 成本与经济性	
G1.1 生命周期成本	
G1.2 采取降低建设成本的措施	
G1.3 采取降低运营和维护成本	
G1.4 对成本和租住费用的可承受性	
G1.5 最大限度地支持地方经济	
G1.6 最大限度地减少外部成本	
G2 社会方面	
G2.1 采取措施减少建筑事故的发生	
G2.2 采取措施确保使用者的安全	
G2.3 考虑残疾人的使用	
G2.4 居住单元可以直接接收太阳光	
G2.5 从居住单元易于到私人开敞空间	
G2.6 居住区域的视觉私密性	
G2.7 工作区域景观视觉效果	

系统完整的可持续设计检查表，不仅可以用来及时发现工程设计中的不足之处，也可以对工程设计人员起到一定的引导和提示作用。此外，可持续检查表的检查结果还可以直接形成工程文件，作为工程档案的一部分用于工程竣工后的验收和存档。在设计阶段进行可持续设计工作的检查，对于实现工程项目的可持续建设是十分重要的。工程项目可持续设计检查表的结果可以作为对工程项目进行可持续建设评价的依据。

第四节　工程项目可持续建设的组织与实施

一、工程项目可持续建设的组织体系

工程项目可持续建设实施方案的首要任务是建立工程项目可持续建设组织。该组织的建立具有两层含义。一层是建设单位内部的项目班子的组织问题。建设单位是工程项目可持续建设实施工作的核心。因此，建设单位应该在项目部的组织结构中增加用于可持续建设管理的人员；另外一层是围绕着工程项目而建立的工程各参建单位组成的项目组织体系。传统的项目组织体系有很多种，但是到目前为止，在我国工程建设领域中，大部分项目都没有专门增加工程项目可持续建设咨询单位的项目组织体系。而由建设单位聘请工程项目可持续建设咨询单位，专门负责工程项目可持续建设的咨询、指导和实施工作，是实现工程项目可持续建设工作的最有效的手段。

在传统的工程项目管理组织体系中，通常涉及的参建单位有设计单位、施工单位、材料/设备供货单位和监理单位，设有专业性很强的专门从事工程项目可持续建设咨询工作的单位。在传统的项目管理组织体系的基础上，增加一个可持续建设单位是十分必要的。具体方法是，由建设单位通过合同形式委托专门的可持续建设咨询单位参与工程项目的建设工作，然后由专业化的工程项目可持续建设咨询单位针对工程的设计、施工、材料供应等方面的问题监督和指导相关单位贯彻可持续建设的意图，为实现工程项目可持续建设的目标创造条件。

二、工程项目可持续建设的工作要点

在工程项目可持续建设实施方案策划中，必须明确开展可持续建设的工作要点。工程项目可持续建设的工作要点应围绕建设工程项目的生命周期进行分解，从而在工程项目的前期策划、规划设计、施工、运营等阶段，为工程项目的不同参与方实施可持续建设提供指导。不同阶段可持续建设的工作要点如下。

（一）前期策划阶段的工作要点

在工程建设前期策划阶段，为了能达到可持续建设的要求，必须要保证：场地建设不破坏当地文物、自然水系等；建筑场地选址无洪涝灾害、泥石流等灾害，建筑场地安全范围内无危险源；住区内部无排放超标的污染源。在保证这些控制项目要求的基础上，应充分利用尚可使用的旧建筑，还应视情况合理开发利用地下空间并合理选用废弃场地进行建设。对已被污染的废弃地进行处理并达到有关标准。这些要求都是建设单位的工程项目管理人员必须考虑的问题。

（二）规划设计阶段的工作要点

在工程建设规划设计阶段，必须保证人居居住用地指标符合要求；住区建筑布局保证室内外的日照环境、采光和通风要求；种植适应当地气候和土壤条件的乡土植物；住区的绿地率不低于30%，人均公共绿地面积不低于1m²；住宅建筑热工设计和暖通空调设计符合国家批准或备案的居住建筑节能标准的规定。当采用集中空调系统时，所选用的冷水机组或单元式空调机组的性能系数、能效比符合现行国家标准《公共建筑节能设计标准》（GB 50189—2015）中的有关规定值；采用集中采暖或集中空调系统的住宅，设置室温调节和热量计量设施；在方案、规划阶段制订水系统规划方案，统筹、综合利用各种水资源；采取有效措施避免管网漏损；采用节水器具和设备，节水率不低于 8%；景观用水不采用市政供水和自备地下水井供水；使用非传统水源时，采取用水安全保障措施，且不对人体健康与周围环境产生不良影响；建筑造型要素简约、无大量装饰性构件；每套住宅至少有 1 个居住空间满足日照标准的要求。当有 4 个及 4 个以上居住空间时，至少有 2 个居住空间满足日照标准的要求；卧室、起居室（厅）、书房、厨房设置外窗，房间的采光系数不低于现行国家标准《建筑采光设计标准》（GB/T 50033—2013）的规定；对建筑围护结构采取有效的隔声、减噪措施；居住空间能自然通风，通风开口面积在夏热冬暖和夏热冬冷地区不小于该房间地板面积的 8%，在其他地区不小于 5%；室内游离甲醛、苯、氨、酚和 TVOC 等空气污染物浓度符合现行国家标准《民用建筑室内环境污染控制规范》（GB 50325—2010）的规定；住宅水、电、燃气分户、分类计量和收费。

另外，规划设计阶段在节地和室外环境方面还应考虑住区公共服务设施按照规划配建，合理采用综合建筑并与周边地区共享；住区环境噪声符合标准；住区室外日平均热岛强度不高于 1.5℃；住区风环境有利于冬季室外行走舒适及过渡季、夏季的自然通风；栽植的植物符合气候特点和相关要求；公共交通网络设计符合要求。规划设计阶段在节能与能源利用方面还应考虑利用场地自然条件，合理设计建筑体形、朝向、楼距和窗墙面积比，使住宅获得良好的日照、通风和采光，并根据需要设遮阳设施，选用效率高的用能设备和系统；集中采暖系统热水循环水泵的耗电输热比，集中空调系统风机单位风量耗功率和冷热水输送能效比符合现行国家标准《公共建筑节能设计标准》（GB 50189—2015）的规定；当采用集中空调系统时，所选用的冷水机组或单元式空调机组的性能系数、能效比比现行国家标准《公共建筑节能设计标准》（GB 50189—2015）中的有关规定值高一个等级；公共场所和部位的照明采用高效光源、高效灯具和低损耗镇流器等附件，并采取其他节能控制措施，在有自然采光的区域设定时或光电控制；采用集中采暖或集中空调系统的住宅，设置能量回收系统（装置）；根据当地气候和自然资源条件，充分利用太阳能、地热能等可再生能源，可再生能源的使用量占建筑总能耗的比例大于 5%。规划设计阶段在节水和水资源利用方面还应考虑合理规划地表与屋面雨水径流途径，降低地表径流，采用多种渗透措施增加雨水渗透量；绿化用水、洗车用水等非饮用水采用再生水、雨水等非传统水源；绿化灌溉采用喷灌、微灌等高效节水灌溉方式；非饮用水采用再生水时，优先利用附近集中再生水厂的再生水；附近没有集中再生水厂时，通过技术经济比较，合理选择其他再生水水源和处理技术；降雨量大的缺水地区，通过技术经济比较，合理确定雨水集蓄及利用方案；非传统水源利用率不低于 10%。规划设计阶段在节材和材料资源利用方面还应考虑建筑结构材料合理采用高性能混凝土、高强度钢；建筑设计选材时考虑使用材料的可循环使用性能；土建和装修一体化设计施工，不破坏已有的建筑构件及设施，在保证性能的前提下，使用以废弃物为原料的建筑材料；等。规划设计阶段在室内环境质量方面还应考虑居住空间开窗具有良好的视野，且避免户间居住空间的视线干扰。当 1 套住宅设有 2 个及 2 个以上卫生间时，至少有 1 个卫生间设有外窗；屋面、地面、外墙和外窗的内表面在室内温、湿度设计条件下无结露现象；在自然通风条件下，房间的屋顶和东、西外墙内表面的最高温度满足现行国家标准《民用建筑热工设计规范》（GB 50176—2016）的要求；设置采暖或空调系统（设备）的住宅，运行时用户可根据需要对室温进行调控；采用可调节外遮阳装置，防止夏季太阳辐射透过窗户玻璃直接进入室内；设置通风换气装置或室内空气质量监测装置；等。为了方便今后的运营管理，还应考虑垃圾站设冲洗和排水设施，智能化系统定位正确，设备、管道设置便于维修、改造和更换等要求。

除此之外，还应尽量考虑采暖或空调能耗不高于国家批准或备案的建筑节能标准规定值的80%；可再生能源的使用量占建筑总能耗的比例大于10%；在许可的情况下，非传统水源利用率不低于30%；采用资源消耗和环境影响小的建筑结构体系；可再利用建筑材料的使用率大于5%；卧室、起居室（厅）使用蓄能、调湿或改善室内空气质量的功能材料；对可生物降解垃圾进行单独收集或设置可生物降解垃圾处理房；垃圾收集或垃圾处理房设有风道或排风、冲洗和排水设施，处理过程无二次污染。这些要求是规划设计人员在规划设计工作中必须重点考虑的问题。

（三）施工阶段的工作要点

在施工阶段必须保证施工过程中制定并实施保护环境的具体措施，建筑材料中有害物质含量符合国家标准。另外还应尽量保证施工现场500km以内生产的建筑材料重量占总重量的70%以上；现浇混凝土采用预拌混凝土；将建筑施工、旧建筑拆除、场地清理时产生的固体废弃物分类处理并再利用；栽种和移植的树木成活率大于90%，植物生长状态良好。同时除了规划设计阶段之外，在施工过程中也应考虑土建与装饰工程一体化设计施工问题，不破坏和不拆除已有的建筑构件及设施。这些要求是施工过程中建筑施工单位人员必须重点考虑的问题。

（四）运营管理阶段的工作要点

在运营管理阶段必须保证制定并实施节能、节水、节材与绿化管理制度；制定垃圾管理制度；设置密闭的垃圾容器，并有严格的保洁清洗措施、生活垃圾袋装化存放。另外，还应尽量采用无公害的病虫害防治技术；物业管理部门通过ISO 14001环境管理体系认证；垃圾分类收集率达到90%以上等要求。这些要求都是项目运营管理人员必须重点考虑的问题。

从以上分析可以看出，不同阶段实施工程项目可持续建设的工作要点是不一样的。建筑工程行业的从业人员应该从自身的工作出发，针对工作所涉及的阶段补充和完善可持续建设的知识和技能，从而为更有效地实施可持续建设奠定基础。建设单位是实施工程项目可持续建设的核心单位，对于建设单位的从业人员，因其项目管理涉及工程项目生命周期的各个阶段，必须对每个阶段的工作要点都应熟悉和了解。

第四章　工程项目的可持续建设材料使用

第一节　可持续建设材料概述

可持续建材，又称绿色建材。自从 20 世纪 80 年代以来，人类意识到了自身活动带来的环境问题，逐步提出了绿色建筑、绿色建材的概念，世界各国已经开始采取措施控制建筑对生态环境的破坏。提倡绿色建筑，是保护生态环境的重要措施之一，绿色建材的发展担当着重要的历史使命。

1988 年第一届国际材料科学研究会提出了"绿色材料（Green Materials）"的概念，国际学术界 1992 年定义绿色材料是指在原料采取、产品制造、应用过程和使用以后的再生循环利用等环节中，对地球环境负荷最小和对人类身体健康无害的材料。我国在 1999 年召开的首届全国绿色建材发展与应用研讨会上，明确提出绿色建材（Green Building materials）是指采用清洁生产技术，不用或少用天然资源和能源，大量使用工农业或城市固态废弃物生产的无毒害、无污染、无放射性，达到使用周期后可回收利用，有利于环境保护和人体健康的建筑材料。国际上也称之为"生态建材""健康建材"或"环保建材"。

绿色建材是生态环境材料在建筑材料领域的延伸，从广义上讲，绿色建材不是一种单独的建材产品，而是对建材"健康、环保、安全"等属性的一种要求，对原材料生产加工、施工、使用及废弃物处理等环节，贯彻环保意识并实施环保技术，达到环保要求绿色建材定义的形成，有力地推动了我国绿色建材产业的健康、可持续发展。

一、可持续建材的特征

传统建筑材料的制造、使用以及最终的循环利用过程都产生了污染，破坏了人居环境和浪费了大量能源。可持续建材与传统建材相比，具有以下五个方面的基本特征。

①可持续建材生产尽可能少用天然资源，大量使用尾矿、废渣、垃圾等废弃物；

②采用低能耗和无污染的生产技术、生产设备；

③在产品生产过程中，不使用甲醛、卤化物溶剂或芳香族碳氢化合物，产品中不含汞、铅、铬和镉等重金属及其化合物；

④产品的设计是以改善生产环境、提高生活质量为宗旨，产品具有多功能化，如抗菌、灭菌、防毒、除臭、隔热、阻燃、防火、调温、调湿、消磁、防射线、抗静电等；

⑤产品可循环或回收及再利用，不产生污染环境的废弃物。

可见，可持续建材能够满足可持续发展的需要。这种建材既满足了人们对健康、安全、舒适、美观的居住环境的需要，又没有损害子孙后代对环境和资源的更大需求，做到了经济社会的发展与生态环境效益的统一、当前利益与长远利益的结合。

二、可持续建材的分类

根据绿色建材的特点，可以将其大致分为以下五类。

（一）节省能源和资源型

此类建材是指在生产过程中，能够明显地降低对传统能源和资源消耗的产品。因为节省能源和资源，使人类已经探明的有限的能源和资源得以延长使用年限。这本身就是对生态环境做出了贡献，也符合可持续发展战略的要求。同时降低能源和资源消耗，也就降低了危害生态环境的污染物产生量，从而减少了治理的工作量。生产中常用的方法如采用免烧或者低温合成，以及提高热效率、降低热损失和充分利用原料等新工艺、新技术，此外还包括采用新开发的原材料和新型清洁能源生产的产品。

（二）环保利废型

此类建材是指在建材行业中利用新工艺、新技术，对其他工业生产的废弃物或者经过无害化处理的人类生活垃圾加以利用而生产出的建材产品。例如，使用工业废渣或者生活垃圾生产水泥、使用电厂粉煤灰等工业废弃物生产墙体材料等。

（三）特殊环境型

此类建材是指能够适应恶劣环境需要的特殊功能的建材产品，如能够适用于海洋、江河地下、沙漠、沼泽等特殊环境的建材产品。这类产品通常都具有超高的强度、抗腐蚀耐久性能好等特点。我国开采海底石油、建设长江三峡大坝等宏伟工程都需要这类建材产品。产品寿命的延长和功能的改善，都是对资源的节省和对环境的改善。相比较而言，长寿命的建材比短寿命的建材就更增加了一分"绿色"的成分。

（四）安全舒适型

此类建材是指具有轻质、高强、防火、防水、保温、隔热、隔声、调温、调光、无毒、无害等性能的建材产品。这类产品纠正了传统建材仅重视建筑结构和装饰性能，而忽视安全舒适方面功能的倾向，因而此类建材非常适用于室内装饰装修。

（五）保健功能型

此类建材是指具有保护和促进人类健康功能的建材产品，如具有消毒、防臭、灭菌、防霉、抗静电、防辐射、吸附二氧化碳等对人体有害的气体等功能。这类产品是室内装饰装修材料中的新秀，也是值得今后大力开发、生产和推广使用的新型建材产品。

第二节　可持续建材的评价

一、国内外可持续建材评价概况

从 20 世纪 70 年代开始，欧洲一些国家已经注意到建筑材料对居住者的危害，各国逐渐建立相应的标准和测试方法，并对符合健康要求的材料发放环境标志，通过消费者的选择和市场竞争，引导企业自觉调整产业结构，采用清洁工艺，生产对环境有益的产品，形成改善环境质量的规模效应，最终达到环境保护与经济协调发展的目的。

在国内的"中国绿色建材发展论坛"上，与会专家提出现有的绿色建材的评价指标体系分为两类。第一类为单因子评价体系，一般用于卫生类评价指标，包括放射性强度和甲醛含量等。在这类指标中，只要有一项不合格就不符合绿色建材的标准。第二类为复合类评价指标，包括挥发物总含量、人类感觉试验、耐燃等级和综合利用指标。在这类指标中，如果有一项指标不好，但若其总体评价指标达到标准，这类建材也仍然可以被认为是绿色的。虽然采用单因子方法来评价建筑材料的环境影响比较简单可行，而且各个国家采用此办法而推行的环境标志产品计划也在很大程度上促进了绿色建材的发展。但其缺点在于单因子评价主要考虑建筑材料对人体健康的影响，并不能够完全反映其对环境的综合影响，如全球温室效应、能耗、资源效率等，而且用如此多的单项指标比较起来，不仅麻烦而且有些指标根本无法平行比较。为引导我国绿色建材的健康发展，规范鱼目混珠的绿色建材市场，建立绿色建材的评价标准是必要的。

二、可持续建材的评价体系

绿色建材的认证和评价工作，可分解为对建材产品的绿色性能指标的评价和对建材生产企业的清洁生产水平的评价。对生产加工企业的评价可根据《中华人民共和国清洁生产法》，建立专业化的评价标准和指标体系，认证绿色或清洁生产企业。对进入工程建设和大众消费领域的建材终端产品，可根据国际先进标准、国内的实际生产力发展水平和可持续发展的要求，在功能、质量、健康、环保方面建立等于或高于国家标准的产品绿色性能指标体系。

发展绿色建材，建立建材产品的绿色性能指标和清洁生产企业的标准评价体系，意义重大而深远。这不仅直接关系到我国建材行业走新型工业化道路，实现可持续发展，而且直接关系到人民生活的健康和社会可持续发展。特别是在国际竞争中，关系到我国绿色技术壁垒的建立和产业的保护等，绝不是一个简单的产品和企业评优行为。评价标准的制定涉及科技、企业、环保、质量等许多方面，应该得到政府主管部门的高度重视和指导。

（一）评价体系的构建原则

我国绿色建材产品评价体系和评价方法的研究应遵循科学性和实用性相结合的原则，建立绿色建材产品评价体系要有高度的科学性、实用性和可操作性，指导思想应符合 ISO 9000 和 ISO 14000 的基本思想，同时兼顾我国建筑材料的发展水平，应适合我国的国情和建材行业的实际情况，并能激励建材行业生产技术水平的不断提高。为了使评价体系能反映我国建材产品的真实情况，在建立绿色建材产品评价体系时应贯彻以下的构建原则。

1. 符合本国实际情况

要针对我国自身的地域、经济、社会及技术水平现状，根据实际需要建立具有本国特色的绿色建材产品评价体系。既要考虑对最终产品进行检测评估，同时又要过程控制。在具体指标设立时，应考虑建材行业的具体情况和现有水平，如能耗水平、环境污染排放水平等，不能只盲目靠近国际先进水平。

2. 符合国家的产业政策

评价的产品必须是国家产业政策允许生产的，且必须符合国家制定的产业调控方针、相关产业政策及标准。

3. 指标科学性和实用性

建立绿色建材产品评价体系并非单纯的理论探索，它是能发挥实际作用的体系，如果没有实用性和可操作性，建立评价体系就毫无意义。建材品种繁多，不可能用一个简单的指标来规范，要经过大量的调研，掌握相关资料，分门别类制定实用性和操作性较强的评价指标，指标应具有明确的物理意义，测试方法标准，统计计算方法规范，以保证评价的科学性、真实性和客观性。

4. 产品选择性和适用性

从理论上讲，绿色建材产品评价的范围应针对所有的建材产品，但是考虑到目前我国建材工业的发展水平和在绿色建材产品评价方面的工作基础，首先选择建筑材料中应用范围广泛、产量大、能耗相对较高、对环境影响大的产品以及人们最为关心的建筑装饰装修材料进行绿色化评价，逐步过渡到对所有的建筑材料进行绿色化评价。

5. 动态性和等级制

随着材料科学技术的发展和人们环境意识的提高，绿色建材的评价范围和评价指标也应根据发展的不同阶段相应地发展和完善，从而能够综合反映绿色建材的发展趋势和现状特点。同时在各阶段应针对不同对象及生产水平分成若干等级，这样做的好处是便于管理。

6. 指标针对性和可量化性

绿色建材产品评价指标应包括建材产品整个生命周期各个环节对环境及人类健康的影响，但鉴于当前的生产力水平和人们的物质生活水平以及管理体制方面的因素，绿色建材产品指标选择了直接影响环境和人体健康的相关指标。

（二）评价体系的框架结构

绿色建材评价体系选取有代表性，能反映"节能""降耗""减污"和"增效"等有关清洁生产最终目标的指标，建立评价模式。绿色建材产品评价体系分为四级指标体系。

①一级指标体系：基本指标体系、环境指标体系。

②二级指标体系：质量指标、原料采集过程指标、生产过程指标、使用过程指标、废弃过程指标。

③三级指标体系：对应上述环境指标体系的四个二级指标设置不同的三级指标包括资源消耗指标、开采时环境影响指标，能源消耗指标、清洁生产指标、废弃物利用情况、环境污染指标、生产工艺装备，使用环境影响、本地化指标、安全性指标、清洁施工指标、功能性指标，再生利用性能指标、废弃过程环境影响等。

④四级指标体系：对应每一个三级指标还有若干具体指标支撑，组成更具体和完整的四级指标体系。

三、可持续建材的评价方法

自从"绿色"材料的概念提出后，国内外都十分重视其评价方法、评价体系的研究。由于研究对象、研究目的、研究背景等不尽相同，提出的评价方法、评价体系也各不相同。关于衡量环境影响的定量指标，已提出的表达方法有单因子评价法、环境负荷单位法（ELU）、生态指数法（EI）、环境商值法（EQ）、生态因子法（ECO1）、生命周期评价法（LCA）等。

依据不同的建材产品评价指标和原则，分析不同类型建材的上述评价因素的权重并量化，制定出不同建材产品的具体评价指标。通过对各项指标的实际达到值、指标值和指标的权重值进行计算和评分，综合得出某建材产品的绿色度指标。

（一）绿色建材的合格评定技术

所谓合格评定是指对产品、过程或服务满足规定要求的程度所进行的系统检查和确认的活动。国际上所称的合格评定活动一般包括企业的自我声明、第二方或第三方的检验、检查、验证等评价活动或认证、注册活动以及它们的组合，也包括为规范给企业提供评价服务的机构行为而实施的认可活动。合格评定在国内贸易和国际贸易中对产品、服务等市场准入发挥着举足轻重的作用。

有关绿色建材的合格评定活动主要包括检测、评价和认证等，我国绿色建材的部分检测评价的标准可见国家强制性标准《民用建筑工程室内环境污染控制规范》（GB 50325—2010），国家推荐性标准《室内空气质量标准》（GB/T 18883—2002），《室内装饰装修材料有害物质限量》（GB 6566—2010）。

（二）绿色建材生命周期评价方法（ICA）

建材生命周期评价方法（Life Cycle Assessment，简称为 LCA）作为一种基于绿色建材的定义之上的环境评价方法，建筑材料的生命周期是指原材料的获得与运输、材料生产、产品制造、施工、使用、回收与报废的全过程。整个周期的生命跨度可以被分为建筑前期、建筑和建筑后期三个阶段，这三个阶段发展的大部分过程消耗了能量；同时也影响了环境。而 LCA 强调从产品或行为活动的"全生命周期"来整体分析和评价其对环境的冲击和影响，最终寻求改善的方法及措施，是目前国际上一种先进的绿色建筑材料评价方法。

建筑材料的获得与运输是材料生命周期中很重要的一部分，建筑材料的能耗评价包括制备阶段、运输阶段和施工阶段的能耗评价。单位数量的某种建筑材料，在其制备过程中所需要的能源称为该材料的内含能量（简称含能）；而建筑材料运输过程的能耗是指将建筑材料从其生产地运至使用地点所需的能耗。一般情况下，这种能耗随运输距离增加而增加，同时依赖于所使用的运输工具，水运、铁路运输、公路运输等不同方式下单位重量（或体积）、单位距离的能耗有差异。

建筑材料的运输能耗包括单位数量的运输能耗和使用量，而单位数量的运输能耗是与距离成正比关系的，所以，设计中应坚持就近取材的原则，尽量使用当地生产的建筑材料，这是降低材料运输耗能的基本手段。另外，设法延长建筑物的寿命、重复或循环使用部分建筑材料都会从整体上降低能耗的值。

1. LCA 评价方法的技术框架

建筑材料生命周期评价方面的研究及应用是我国目前最主要的研究方向之一，也一直是环境材料研究中的重要组成部分。生命周期评价的过程是，首先辨别和量化整个产品生命周期阶段中能量和物质的消耗以及环境排放，然后评价这些消耗和排放对环境的影响，辨识和评价减少这些影响的机会。生命周期评价注重研究系统在生态健康、人类健康和资源消耗领域内的环境影响。LCA 评价方法的技术框架一般包括四部分：目标与范围界定、清单分析、环境影响评估和改进评价。

（1）目标与范围界定

这是 LCA 研究的第一步，也是最关键的部分。它一般先确定 LCA 的评价目的和意图，再按照评价目的确定研究范围。

（2）清单分析

这是对产品、工艺过程或者活动等研究对象整个生命周期阶段的能源使用以及向环境排放废物等进行定量分析的技术过程。

（3）环境影响评价

影响评价是对编目分析中的环境影响做定量或定性的描述和评价。

建筑产业对环境的污染不仅在水泥、炼钢、烧窑的建材生产阶段，而且在营建过程及日后的建筑废弃物的拆除和运输阶段。建筑材料对环境的影响包括建材使用 CO 排放量以及建筑物单位面积拆除废弃物的产生量。

（4）改进评价

改进评价即依据一定的评价标准对编目分析结果和影响评价结果做出评价，识别出产品或活动的薄弱环节和潜在的改善机会，为达到生态最优化目的而提出改进建议。

2. LCA 评价体系的构建

（1）绿色建材各评价指标权重系数的确定

绿色建材的 LCA 评价指标体系，是一个由指标层、效果层构成的多层次体系，在该体系中各决策因素（指标）各自的属性重要性程度和可比性各不相同，对各因素属性指标进行评估和度量时，具有很大的不精确性和主观经验性。方法是采用专家打分法确定建材各层次指标所对应的权重系数，通过模糊决策方法构造有关建筑材料绿色度的模糊综合评判模型，最后将此二者进行有机的结合，形成该评价对象的绿色度指标值。权重分配结果经过多次评价实践后可进一步修正，以适应评价环境影响因素的改变。

（2）绿色建材 LCA 评价体系

完成一项绿色建材的 LCA 评价，首先对该绿色建材必须进行明确的分类，然后在清晰分类的基础上，再综合考虑其在生命周期内各评价指标的确定。绿色建材 LCA 评价指标体系主要分为两大部分。第一部分为基本指标体系，其意义在于只有通过国家或行业标准的合格质量产品才能进入下一步的环境评价体系。第二部分是环境评价体系，这部分是 LCA 评价体系的重点部分，主要通过从绿色建材生命周期全过程考虑其对环境以及人体健康的影响来确定各级评价指标。

3. LCA 在绿色建材评价中的应用

LCA 作为一种全过程的环境影响评价，已经成功用于很多领域，在绿色建材评价中的应用应注意以下几个方面。

（1）标准产品的选定

在对一个产品进行 LCA 评价时，首先要选定另一种产品作为"参照物"，同时还应将产品进行横向和纵向的比较。

（2）目标和边界的确定

在对某一产品进行评价时要明确其目标。

（3）编目分析

这是目前 LCA 评价体系中最具操作性的部分。由于绿色建材从原材料的采集、加工、储存运输、使用、回收以及最后的废弃再生都会对生态环境、资源、人体健康造成影响，因此量化各个阶段的影响，并将统计的量进行分类、汇总为下一步的周期评价作铺垫。

（4）选择合适的评价软件

编目分析阶段的统计、计算要求非常精确，选择合适的相关软件能减少人为误差。

（5）动态过程

在对一种产品进行 LCA 分析之后，其相关的数据资料成为产品数据库中的一部分，并指导改进评价，改进评价后形成的标准成为知识库中的一部分，重新应用于新产品的开发。

第三节　可持续建设材料

一、传统的可持续建设材料

固体废物的再生利用是节约资源、实现可持续发展的一个重要途径。同时，也减少了污染物的排放，避免末端处理的工序，保护了环境。一般来说、传统材料主要追求材料的使用性能，而可持续发展的材料追求的不仅是良好的使用性能，而且从材料的制造、使用、废弃直至再生利用的整个寿命周期中，必须具备与生态环境的协调共存性，对资源、能源消耗少，生态环境影响小，再生资源利用率高，或可降解使用。

传统建筑材料工业作为一种产业，节约资源、能源，保护生态环境也是本身能够持续发展的需要。例如，利用煤矸石制作砖和水泥、利用粉煤灰和煤渣制作蒸养砖和烧结砖、利用高炉渣制作水泥和湿碾矿渣混凝土、利用钢渣制作砖和水泥等等，都是高效利用固体废物，考虑建筑材料的再生循环性，使建材工业走可持续发展之路。

未来建材工业总的发展原则应该具有健康、安全、环保的基本特征，具有轻质、高强、耐用、多功能的优良技术性能和美学功能，还必须符合节能、节地、利废三个条件。通常使用的建筑材料包括了水泥、混凝土及其制品，各种玻璃、钢材、铝材、木材、高分子聚合材料、建筑卫生陶瓷等，以下我们就对这些材料的可持续性进行分析。

（一）水泥与混凝土类建材

传统水泥从石灰石开采，经窑烧制成熟料，再加入石膏研磨成水泥，生产过程耗用大量煤与电源，并排放大量 CO_2，污染了环境，不是绿色建材。为了水泥建材的绿色化，我国发展以新型干法窑为主体的具有自主知识产权的现代水泥生产技术，大量节约了资源，减少了二氧化碳的排放量，采用高效除尘技术，烟气脱硫技术等，基本解决了粉尘、二氧化碳和氧化氮气体的排放及噪声污染问题。高性能绿色水泥应具有高强度、优异耐久性和低环境负荷三大特征。因此，改变水泥品种，降低单方混凝土中的水泥用量，将大大减少水泥建材工业带来的温室气体排放和粉尘污染，还能够降低其水化热，减少收缩开裂的趋势。

传统混凝土强度不足，使得建筑构件断面积增大，构造物自重增加，减少了室内用空间；且其用水量及水泥量较高，容易产生缩水、析离现象，容易具有潜变、龟裂等特点，使钢筋混凝土建筑变成严重浪费地球资源与破坏环境的构造。因此，使传统混凝土绿色化，开发高性能混凝土（High Performance Concrete，HPC）十分必要。

HPC除采用优质水泥、水和骨料之外，还采用低水胶比，掺足矿物细掺料和高效外加剂，可避免干缩龟裂问题，可节约10%左右的用钢量与30%左右的混凝土用量，可增加1.0%～1.5%的建筑使用面积，具有更好的综合经济效益。显然、使用无毒，无污染的绿色混凝土外加剂，推广使用HPC，注重混凝土的工作性，可节省人力，减少振捣，降低环境噪声，还可大幅度提高建筑建材施工效率，减少堆料场地，减少材料浪费，减少灰尘，减少环境污染。

（二）建筑玻璃

从20世纪60年代，随着第一批玻璃幕墙出现开始，建筑幕墙一直占据着建筑市场的主导位置并引领着建筑行业技术的发展。到今天，建筑对玻璃的要求经过了从白玻本体着色玻璃、热反射镀膜到低辐射镀膜玻璃的变化。玻璃的颜色也由无色、茶色金黄色到蓝色、绿色并最后向通透方向的发展变化。随着现代建筑设计理念的人性化亲近自然，以及世界各国对能源危机的忧患意识的提高，对建筑节能的重视程度也越来越高，对玻璃的要求也逐步向功能性、通透性进行转变。全世界建筑行业对玻璃的要求有向高通透、低反射或者减反射的方向转变的趋势。

绿色建筑玻璃应包括生产的绿色化和使用的绿色化。首先是节能，门洞窗口是节能的薄弱环节，玻璃节能性能反映了绿色化程度。其次是提高玻璃窑炉的熔化规模，其燃烧方式有氧气喷吹、氧气浓缩、氧气增压等先进燃烧工艺，比传统方式提高了生产清洁度，降低了能耗，减少了污染物排放和延长了熔炉寿命。最后是要有高度的安全性，防治化学污染和物理污染，对于不同地区，有不同的选择。

（三）建筑用金属材料

建筑用金属材料一般是指建筑工程中所应用的各种钢材（如各种型钢、钢板、钢筋、钢管和钢丝等）和铝材（如铝合金型材、板材和饰材等）。据统计，世界钢铁工业能源消耗占世界总能耗的10%，近10年来中国钢铁工业能源消耗占全国能耗总量的9.15%～10.55%，可见能耗严重。建筑钢材的绿色化，除了建材钢铁工业的三废治理、综合利用和资源本土化以外，还必须改善生产工艺，采用熔融还原炼铁工艺，使用非焦煤直接炼铁，铁水质量能与高炉铁水相媲美，这样不仅可以大大缩短工艺流程，而且能够利用过程产生的煤气在竖炉中生产海绵铁，替代优质废钢供电炉炼钢。钢铁工业向大型化、高效化和连续化生产方向发展。以后可通过提高连铸比，向上游带动铁水预处理、炉外精炼和优化炼钢技术，向下游带动各类轧机的优化，实现坯铸热装热送、直接轧制和控制轧制等，最终实现钢材的绿色化生产。我国的铝土矿资源丰富，但氧化铝的含量也很高，所以建筑铝材的绿色化决定了高温熔出必须采用流程复杂的联合法处理，增加氧化铝生产的投资和能耗。

目前建筑金属材料的绿色化技术主要强调在保持金属材料的加工性能和使用性能基本不变或有所提高的前提下，尽量使金属材料的加工过程消耗较低的资源和能源，排放较少的三废，并且在废弃之后易于分解、回收和再生。开发金属材料的绿色化新工艺，如熔融还原炼铁技术、连续铸造技术、冶金短流程工艺技术、炉外精炼技术和高炉富氧喷煤技术，革新工艺流程对于降低材料生产的环境负荷有极其重要的意义。

（四）木材

木材是人类社会最早使用的材料，也是直到现在一直被广泛使用的优秀生态材料它是一种优良的绿色生态原料，但在其制造、加工过程中，由于使用其他胶黏剂而破坏了产品原有的绿色生态性能。目前的问题是，人类对一切可再生资源的开发和获取规模及强度要限制在资源再生产的速度之下，不耗资源而导致其枯竭，木材要达到采补平衡木材的绿色化生产除具有优异的物化性能和使用性能，还必须具有木材的生态环境协调性，在绿色化生产过程中，对每一工序都严格按照环境保护要求，不仅从污染角度加以考虑，同时从产品的实用性、生态性、绿色度等方面进行调整。木材的生产工艺可归结为原料的软化，干燥，半成品加工和储存，施胶，成型和预压，热压，后期加工，深度加工等。木材的绿色化生产的关键是进行木材的生态适应性判断，应具备木材生产能耗低，生产过程无污染，原材料可再资源化，不过度消耗资源，使用后或解体后可再利用等特点，可保证原材料的持续生产、废料的最终处理不污染环境，对人的健康无危害，同时达到环境负荷较小并保留木材的环境适应性，创造出人类与环境和谐的协调系统。

（五）化学建材

化学建材是指以合成高分子材料为主要成分，配有各种改性成分，经加工制成的用于建设工程的各类材料。目前、化学建材主要包括塑料管道、塑料门窗、建筑防水涂料、建筑涂料、建筑壁纸、塑料地板、塑料装饰板、泡沫保温材料和建筑胶黏剂等各类产品。

例如，由于本身导热性差和多腔室结构，塑料门窗型材具有显著的节能效果。它在生产环节，使用环节不但可以节约大量的木、钢、铝等材料和生产能耗，还可以降低建筑物在使用过程中的能量消耗。因此、大力发展多腔室断面设计，降低型材壁厚，增加内部增强筋与腔室数量，一般是 9 ～ 13 个，用于别墅和低层建筑时不需要加钢衬，且提高了其保温、隔热、隔声效果，具有很好的绿色化效果。

传统的建筑涂料大多是有机溶剂型涂料，在使用过程中释放出有机溶剂，室内长期存在大量的可挥发性的有机物，除对人体有刺激外，还会影响到视觉、听觉和记忆力，会使人感到乏力和头痛。有资料介绍，从室内空气中可析出近百种有机物，其中有二十余种具有致突变性（包括致癌）作用，大部分来自化学建材。因此、开发非有机溶剂型涂料等绿色化学建材（如水性涂料、辐射固化涂料、杀虫涂料等）就显得非常重要。传统的建筑涂料和建筑胶黏剂在使用中放出甲醛等有害气体，现正向无毒，耐热绝缘，导热绿色化方向发展。

（六）建筑卫生陶瓷

建筑卫生陶瓷产品具有洁净卫生、耐湿、耐水、耐用、价廉物美、易得等诸多优点，其优异的使用功能和艺术装饰功能美化了人们的生活环境，满足了人们的物质生活和精神生活的双重需要，但陶瓷的生产又以资源的消耗、环境受到一定污染与破坏为代价。因此，建筑卫生陶瓷绿色化是一项解决发展中问题的系统性工作，也是行业可持续发展的保证。建筑卫生陶瓷的绿色化贯穿产品的生产和消费全过程，包括产品的绿色化和生产过程的绿色化。

产品绿色化的重点为推广使用节水、低放射性、寿命长的高性能产品，推广超薄及具有抗菌、易洁、调湿、透水、空气净化、蓄光发光、抗静电等新功能的产品，推广利于使用安全、铺贴牢固、减少铺贴辅助耗材、实现清洁施工的产品等。

建筑卫生陶瓷生产过程绿色化的重点为：推动陶瓷矿产资源的合理开发综合利用，保护优质矿产资源、开发利用红土类等铁钛含量高的低质原料及各种工业尾矿、废渣；推行清洁生产与管理，陶瓷废次品、废料的回收、分类处理与综合利用，洁净燃料的使用与废气治理，废水的净化和循环利用，粉尘噪声的控制与治理；淘汰落后产品，开发推广节能、节水、节约原料的高效生产技术及设备；等。

建筑陶瓷绿色化要求树立陶瓷"经济资源—环境"价值协同观，在发展中持续改进、提高、优化；绿色化需要企业、政府、消费者及社会各界的重视；需要正确处理眼前利益与长远利益、局部利益与公众利益的关系；需要法律法规、道德的约束和超前的远见卓识；需要正确的引导与调控，严格的管理与监督，需要政策的鼓励和科技的支持。建筑卫生陶瓷绿色化不应仅是概念的炒作或是产品的标签，而是功在当代，利在千秋的事业，这也是"建筑卫生陶瓷消费者专家援助机构"努力追求的目标。

二、新型的可持续建设材料

由于一些传统建材工业，如水泥业、黏土砖瓦业等大量消耗能源，污染环境，而且产品性能上逐渐不能满足现代建筑业的要求，严重影响着社会可持续发展。因此，在国家建材和建筑业发展的产业政策中，发展新型建材一直是主导方向之一。

但是，新型建材是一个相对和发展的概念，其演变在时空上既具有连续性，又具有阶段性。纵观我国新型建材的发展历程，它的内涵随着我国生产力发展水平和环保意识的提高，一直在不断深化与发展。早期的新型建筑材料往往被理解为不同于传统的砖、瓦、灰、砂、石等建筑材料，节能、代钢、代木、利废等材料成为主要产品。随着资源逐渐枯竭、能源持续短缺、环境污染日趋恶化，新型建材逐渐向少用或不用黏土原料、生产过程中节能降污，以及发展具有显著建筑节能的材料等方向发展。到 20 世纪 90 年代后期，新型建材的内涵发展为"用新的工艺技术生产的具有节能、节土、利废、保护环境特点和改善建筑功能的建筑材料"，例如，我国新型墙体材料、防水材料、保温隔热材料、环保型装饰装修材料等新型建材得到很大发展。

（一）透明的绝缘材料

绝热是一种防止热量损失和实现能源经济实用的最简单方法，建筑绝热的主要功能是防止热量泄漏、节约能量、控制温度和储存热能。传统的绝缘材料是迟钝和多孔渗水的，而且可以划分为含纤维的、细胞的、粒状的和反射型的。这些绝缘材料的热性能是根据热传导率来说明的。惰性气体是一种很好的绝缘材料，它的热传导率（K）是 0.026W/（m·K）。远古的人就是利用气体的这种绝缘特性在外衣内加一层毛皮来抵御严冬的。一些普遍的绝热材料如玻璃纤维（K=0.0325）、水合硅酸铝（K=0.035）、渣绒（K=0.0407）和硅酸钙（K=0.057）都有很低的热传导率，这主要取决于固体媒介中心的气体单元个数。气体单元的直径大概是 0.091m，它比气体平均自由行程还小。通过绝缘材料的热量是靠固体媒介的传导、对流和辐射穿过气体单元的。还有一些热能损失来自绝缘惰性材料自身热能系统的能耗。

透明的绝缘材料是一种全新的绝热种类，它们被用来减少不必要的热能损失，这些材料是由浸泡在空气层中明显的细胞排列组成的。就透明固体媒介中的气体间隙而言，这些材料和传统绝缘材料很相似。透明的绝热材料对太阳光是透射的，但能提供很好的绝热性，它使建筑物室外热能系统得到更多的太阳光应用，被用作建筑物的透明覆盖系统。透明绝缘材料的基本物理原理是利用吸收的太阳辐射波长，放出不同波长的红外线。高太阳光传送和低热量损失系数是描述透明绝缘材料的两个参数。高光学投射比可以通过透明建筑材料，如低钢玻璃、聚碳酸酯薄墙或光亮的凝胶体来实现。低热辐射损失可以通过涂上一层低发射率的漆来实现，低热传导率可以通过薄壁蜂房形建筑材料的使用来实现。低对流损失可以通过使用细胞形蜂窝构造避免气体成分的整体运动来抑制对流。这些特性联合起来使各种各样的透明绝缘材料得以实现，这些材料的热导系数（U值）低于 1W/（m²·℃），而阳光传送率则高于 80%。

（二）相变材料

一般来说，储量会由于资源和负荷的失谐而减少。热能可以以焓的形式储存起来，这是因为储存的材料温度会随着能量储量而变化，焓的储存包括了热容量和温差。水拥有高储存容量和优良的传热特性，因此在低温应用中水被视为最好的热量储存材料。

碎石（或沙砾）同样适合某些应用，它的热容大概是水的 1/5，因此储存相同数量的热能需要的碎石将是水的 5 倍。对于高温热储存来说，铁是一种合适的材料。在潜热储存阶段，吸收或者释放热能材料的温度保持不变，这个温度等于熔化或者汽化的温度，而像熔化或汽化这种相转变的过程称为材料的相变。泰尔凯什（Telkes）已经对不同潜热的储存材料的热力性质和其他特性进行了比较。建筑中供暖应用最合适的一种材料是硫酸钠十水合物，它在32℃的时候发生相变情况如下：

$$Na_2SO_4 \cdot 10H_2O（固体）\rightarrow Na_2SO_4 + 10H_2O（液体）$$

其密度是$1472kg/m^3$，热容为$251kJ/kg$。因此每立方米材料可以储存$369472kJ$的能量，而潜热储存系统比起显热储存系统更加的简洁。氯化钙、六氢氧化物是另一种可能进行相变储存的材料。

相变材料的一个重要优势就是轻质的建筑物可以增加热量，这些建筑由于它们的低热量，所以可以发生高温的波动，这将导致高供暖负荷和制冷负荷。在这样的建筑中使用相变材料可以消除温度的起伏变化，而且可以降低建筑的空调负荷。一种有效的做法是建筑中应用了PCM，将PCM注入多孔渗水的建筑材料中，这样可以增加热质量。这样潜热储存系统比显热储存系统更加简洁。

另一种为人所知的储存是热化储存，在吸热化学反应过程中，热量被吸收而产物被储存。按照要求在放热反应过程中，产物释放出热量。化学热泵储存要和吸收循环的太阳热泵结合在一起。利用这种方法，在白天使用太阳能将制冷剂从蒸发器中的溶液蒸发出来，然后存储在冷凝器中。当建筑中需要热量的时候，储存的制冷剂在溶入溶液之前在室外的空气盘管中蒸发，从而释放存储的能量。

（三）硅纤陶板

硅纤陶板，又称纤瓷板，是近几年开发的新型人造建材。与天然石材相比，具有强度高、化学稳定性好、色彩可选择、无色差、不含任何放射性材料等优点。它的表面光洁晶亮，既有玻璃的光泽，又有花岗岩的华丽质感。可广泛用于办公楼、商业大厦、机场、地铁站、购物娱乐中心等大型高级建筑的内外装饰，是现代建筑外、内墙装饰中，可供选择的较为理想的绿色建材。

硅纤陶板是通过采用陶瓷黏土为主要原料，添加硅纤维及特殊熔剂等辅料，经辊道窑二次烧制而成的。成品的坯体呈现白色，属于陶瓷制品中的白坯系列，较普通瓷砖的红坯系列，不仅密实度较高，且杂质含量少。硅纤陶板的原料陶瓷黏土，是一种含水铝硅酸盐的矿物，由长石类岩石经过长期风化与地质作用生成。它是多种微细矿物的混合体，主要化学组成为二氧化硅、三氧化二铝和结晶水，同时含有少量碱金属、碱土金属氧化物和着色氧化物。它具有独特的可塑性和结合性，加水膨润后可捏成泥团，塑造成所需要的形状，再经过焙烧后，变得坚硬致密。这种性能构成了陶瓷制作的工艺基础，使硅纤陶板的生产成为可能。

由于陶瓷黏土矿分布面广、蕴藏量丰富，因此价格相对较低。生产资源的优势亦使硅纤陶板的生产可以不受地域的限制，故较易推广。

在提倡节约能源的今天，确实应该提倡使用硅纤陶板。因为它由黏土烧制而成，生产这种板材与开采石料相比，能降低近40%的能源消耗，并减少了金属材料的使用。同时，由于硅纤陶板薄，传热快而均匀，烧成温度和烧成周期大大缩短，使烧制过程中的有害气体排放量可减少20%～30%，保护了环境。

（四）玻晶砖

以碎玻璃为主要原料生产出的玻晶砖是一种既非石材也非陶瓷砖的新型绿色建材，玻晶砖是以碎玻璃为主，掺入少量黏土等原料，经粉碎、成型、晶化、退火而成的一种新型环保节能材料。玻晶砖除可制作结晶黏土砖外，也可制作出天然石材或玉石的效果，有多种颜色和不同规格形态，通过不同颜色的产品搭配，能拼出各种各样富于创意空间的花色图案，美观大方。可用于各种建筑物的内外墙或地面装修。表面如花岗岩或大理石一般光滑的玻晶系列产品可显示出豪华的装饰效果。采用彩色的玻晶砖装修内墙和地面，其高雅程度可与高级昂贵的大理石或花岗岩媲美。同时，这种产品还具有优良的防滑性能以及较高的抗弯强度、耐蚀性、隔热性和抗冻性，是一种完全符合减量化、再利用、资源化三原则的新型环保节能材料。

第四节　可持续建材的发展趋势

近二十年来，欧美、日本等工业发达国家对绿色建材的发展非常重视，已就建筑材料对室内空气的影响进行了全面、系统的基础研究工作，并制定了严格的法规。

1992年联合国召开了环境与发展大会，1994年联合国又增设了可持续产品开发工作组。随后，国际标准化机构也开始讨论环境调和制品的标准化，大大推动着国内外绿色建材的发展。

一、可持续建材在国外的发展

为了绿色建材的发展，1978年德国发布了第一个环境标志"蓝天使"，使7500多种产品得到认证。美国环保局（EPA）和加州大学设置了室内空气研究计划，研究和制定了评价建筑材料释放VOC的理论基础，确定了测试建筑材料释放VOC的体系和方法，提出了预测建筑材料影响室内空气质量的数学模型。1988年加拿大开始环境标志计划，至今已经有14个类别的800多种产品被授予环境标志。丹麦、挪威推出了"健康建材"（HMB）标准，国家法律规定，对于所出售的涂料等建材产品，在使用说明书上除了标出产品质量标准外，还必须标出健康指标。瑞典也积极推动和发展绿色建材，并已正式实施新的建筑法规，规定用于室内的建筑材料必须实行安全标签制，并制定了有机化合物室内空气浓度指标限值。另外，芬兰、冰岛等国家于1989年实施了统一的北欧环境标志。日本自1988

年开展环境标志工作，至今已经有 2500 多种环保产品，日本也十分重视绿色建材的发展。当前，国际对于绿色建材的发展走向有以下三个主流观点。

1. 删繁就简

该观点主要是针对一些地方存在的铺张浪费和豪华之风而言的。国外已经将节省开支当作可持续发展建筑的一项指标。创造一种自然、质朴的生活和工作环境与可持续发展是一致的，也是建设节约型社会的必然要求。

2. 贴近自然

该观点主张选用自然材料，提倡突出材料本身的自然特性，如木结构建筑。第一次世界大战时期开始流行起来的稻草板建筑材料有其生态优势，其主要原料稻、麦草是可再生资源，生产制造过程中不会对生态环境造成污染等，这些都是发达国家的用材趋势。

3. 强调环保

该观点认为，绿色建材主要具有以下特点。

①有益于人体健康，如加拿大的 Ecologo 标志计划和丹麦的认证标志计划等，就主要是从人体健康方面出发来考虑的。

②有益于环境，对于生态环境材料，不仅要求其不污染环境，而且还要求其能够净化环境，如带有 TiO_2 光催化剂的混凝土铺路砌块已开始走出试验室，铺设在交通繁忙的道路边的步行道，进行消除氮氧化物、净化空气的应用性试验。

③减少环境负荷。一是降低能量损耗，减少环境污染；二是充分利用废弃物以减少环境负荷。利用固体废弃物研制建筑材料是绿色建材发展的最重要的途径。

二、可持续建材在中国的发展

改革开放以来，随着我国经济、社会的快速发展和生活水平日益提高，人们对住宅的质量与环保要求越来越高，使绿色建材的研究、开发及使用越来越深入和广泛。

建筑与装饰材料的"绿色化"是人类对建筑材料这一古老领域的新要求，也是建筑材料可持续发展的必由之路。我国的环境标志是于 1993 年 10 月公布的。1994 年 5 月 17 日中国环境标志产品认证委员会在北京宣告成立。1994 年在 6 类 18 种产品中首先实行环境标志，水性涂料是建材第一批实行环境标志的产品。1998 年 5 月，国家科技部、自然基金委员会和 863 计划新材料专家组联合召开了"生态环境材料讨论会"，确定"生态环境材料"应是同时具有满意的使用性能和优良的环境协调性，并能够改善环境的材料。我国"绿色建材"的发展虽然取得了一些成果，但仍处于初级阶段，今后要继续朝着节约资源、节省能源、健康、安全、环保的方向发展，开发越来越多的物美价廉的绿色建材产品，提高人类居住环境的质量，保证我国社会的可持续发展。

要实现绿色建材的可持续发展，我们必须做好以下几个方面的工作。

1. 必须树立可持续发展的生态建材观

要从人类社会的长远利益出发，以人类社会的可持续发展为目标，在这个大前提下来考虑与建筑材料生产、使用、废弃密切相关的自然资源和生态问题，即建材的循环再生、资源短缺、生态环境恶化及与地球的协调性问题。

2. 要提高全民的环保意识，提倡绿色建材

社会环境意识的高低是衡量国民素质、文明程度的重要标尺。我们要利用各种媒介进行环境意识、绿色建材知识的宣传和教育，使全民树立强烈的生态意识、环境意识，自觉地参与保护生态环境、发展绿色建材的工作，以推动绿色建材的健康发展。

3. 建立和完善建材业技术标准，加快实施环境标志认证制度

通过制定和实施相应的法规和标准，加强建材行业质量监督，培育和规范市场，促进建材企业的技术进步，引导绿色建材的健康发展。对于合理利用资源、综合利用工业废料的低能耗、低消耗建材企业予以扶持；对于利用资源不合理、毁坏农田、高能源的生产企业，采取高额征税或限期整改等干预手段；对设备落后、污染严重的小型企业予以淘汰。通过实行环境标志认证制度，可以促进建材企业的技术改造和科技进步，提高其产品在国内外市场上的竞争力。许多国家声明，对于未获得其所在国环境标志的进口商品或加以重税或拒之门外。因此，对建材企业而言，获得产品环境标志就等于拥有一张通往市场的"绿色通行证"。我国只有加快环境标志认证制度的实施，才能在国际市场占有一席之地。

4. 加强绿色建材的研究和开发

要保证建材的可持续发展，关键是研制开发及推广应用绿色建材产品。绿色建材开发的技术途径主要有两条：一是采用高新技术研究开发有益于人体健康的多功能的建材，如抗菌、灭菌、除臭的卫生陶瓷和玻璃，不散发有机挥发物的水性涂料、防辐射涂料、除臭涂料等；二是利用工业或城市固态废弃物或回收物代替部分或全部天然资源，采用传统技术或新工艺制造绿色建材。

5. 要做好技术的引进、消化和吸收工作

对引进技术应深入调查、严格把关，避免盲目、重复和低水平，要尽量采取购买技术专利或软件的做法，引进设计生产的关键技术。要及时组织好吸收、消化和创新工作，切实解决以往重技术引进、轻消化吸收的不良倾向。

第五章　工程项目可持续建设的招标与投标管理

第一节　工程项目招标投标概述

一、工程项目招标投标的概念

在市场经济条件下，招标投标是一种优化资源配置、实现有序竞争的交易行为，也是工程发承包的主要方式。工程项目招标是指工程项目的建设单位在发包工程项目或购买机器设备时，通过一系列程序选择合适的承包商或供货商的过程。工程项目投标是指投标人利用报价及其他优势来参与竞争，销售自己的商品或提供服务的交易行为。工程项目招标与投标是交易过程的两个方面，相互依存、不可分割。工程项目招标投标是建筑业活动中一系列招投标活动的总称，它包括可行性研究招标投标、咨询监理招标投标、勘察设计招标投标、施工招标投标、物资设备招标投标等。

二、工程项目招标投标的特点

实行工程项目招标投标制度，具有明显的优越性，主要表现在以下几个方面。

①招标人通过对各投标竞争者的报价和其他条件进行综合比较，从中选择报价合理、技术力量强、质量保障体系可靠、具有良好信誉的承包商、供应商或咨询监理单位、设计单位作为中标者，有利于节省和合理使用资金，保证招标项目的质量。

②招标投标活动要求依照法定程序公开进行，有利于遏制承包活动中的不正当竞争行为。

③有利于创造公平竞争的市场环境，促进企业间公平竞争。采用招标投标制度，供应商、承包商只能通过在价格、质量、售后服务等方面展开竞争，尽可能充分满足招标人的要求，取得商业机会。

三、工程项目招标投标的范围和规模

（一）招标范围

《中华人民共和国招标投标法》（以下简称《招标投标法》）规定，在中华人民共和国境内进行下列工程项目，包括项目勘察、设计、施工、监理、重要设备和材料等的采购，必须进行招标。

①大型基础设施、公用事业等关系社会公共利益、公众安全的项目；

②全部或者部分使用国有资金投资或者国家融资的项目；

③使用国际组织或者外国政府贷款、援助资金的项目

（二）招标规模

按照国家发展改革委印发的《必须招标的工程项目规定》，达到下列标准之一的，必须进行招标。

①施工单项合同估算价在 200 万元人民币以上的；

②重要设备、材料等货物的采购，单项合同估算价在 100 万元人民币以上的；

③勘察、设计、监理等服务的采购，单项合同估算价在 50 万元人民币以上的；

④单项合同估算价低于上述各项规定的标准，但项目总投资额在 3000 万元人民币以上的。

（三）禁止肢解发包、限制排斥投标人

（1）禁止肢解发包

《招标投标法》规定，招标项目需要划分标段、确定工期的，招标人应当合理划分标段、确定工期，并在招标文件中载明。《中华人民共和国建筑法》规定，提倡对建筑工程实行总承包，禁止将建筑工程肢解发包。建筑工程的发包单位可以将建筑工程的勘察、设计、施工、设备采购一并发包给一个工程总承包单位，也可以将建筑工程的勘察、设计、施工、设备采购的一项或多项发包给一个工程总承包单位，但是，不得将应当由一个承包单位完成的建筑工程肢解成若干部分发包给几个承包单位。

（2）禁止限制、排斥投标人

《招标投标法》规定，依法必须进行招标的项目，其招标投标活动不受地区或者部门的限制。任何单位和个人不得违法限制或者排斥本地区、本系统以外的法人或者其他组织参加投标，不得以任何方式非法干涉招标投标活动。

四、工程项目招标投标的方式

（一）公开招标和邀请招标

《招标投标法》规定，招标分为公开招标和邀请招标。

1. 公开招标

公开招标是指招标人以招标公告的方式邀请不特定的法人或者其他组织投标。依法必须进行招标项目的招标公告，应当通过国家指定的报刊、信息网络或者其他媒介发布。

2. 邀请招标

邀请招标是指招标人以投标邀请书的方式邀请特定的法人或者其他组织投标。《招标投标法》规定，招标人采用邀请招标方式的，应当向三个以上具备承担招标项目的能力、资信良好的特定法人或者其他组织发出投标邀请书。国务院发展计划部门确定的国家重点项目或省、自治区、直辖市人民政府确定的地方重点项目不宜公开招标的，经国务院发展计划部门或省、自治区、直辖市人民政府批准，可以进行邀请招标。《中华人民共和国招标投标法实施条例》（以下简称《招标投标法实施条例》）进一步规定，国有资产占控股或者主导地位的依法必须进行招标的项目，应当公开招标；但有下列情形之一的，可以邀请招标：技术复杂、有特殊要求或者受自然环境限制，只有少量潜在投标人可供选择；采用公开招标方式的费用占项目合同金额的比例过大。

（二）总承包招标和两阶段招标

1. 总承包招标

《招标投标法实施条例》规定，招标人可以依法对工程以及与工程建设有关的货物、服务全部或者部分实行总承包招标。总承包范围内的工程、货物、服务达到招标范围和规模的，且为暂估价形式，应当依法进行招标。暂估价是指总承包招标时不能确定价格而由招标人在招标文件中暂时估定的工程、货物、服务的金额。

2. 两阶段招标

对技术复杂或者无法精确拟定技术规格的项目，招标人可以分两阶段进行招标。第一阶段，投标人按照招标公告或者投标邀请书的要求提交不带报价的技术建议，招标人根据投标人提交的技术建议确定技术标准和要求，编制招标文件；第二阶段，招标人向在第一阶段提交技术建议的投标人提供招标文件，投标人按照招标文件的要求提交包括最终技术方案和投标报价的投标文件。

（三）可以不进行招标的项目

《招标投标法》规定，涉及国家安全、国家秘密、抢险救灾，或者属于利用扶贫资金实行以工代赈、需要使用农民工等特殊情况，不适宜进行招标的项目，按照国家有关规定可以不进行招标。《招标投标法实施条例》还规定，有下列情形之一的，也可不进行招标：

①建筑造型有特殊要求的设计；

②采用特定专利技术、专有技术进行勘察、设计或施工；

③停建或者缓建后恢复建设的单位工程，且承包人未发生变更的；

④施工企业自建自用的工程，且该施工企业资质等级符合工程要求的；

⑤在建工程追加的附属小型工程或主体加层工程，且承包人未发生变更的；

⑥法律、法规、规章规定的其他情形。

此外，对于依法必须招标的具体范围和规模标准以外的建设工程项目，可以不进行招标，采用直接发包的方式。

《招标投标法实施条例》规定，设区的市级以上地方人民政府可以根据实际要求，建立统一规范的招标投标交易场所，为招标投标活动提供服务。招标投标交易场所不得与行政监督部门存在隶属关系，不得以营利为目的。国家鼓励利用信息网络进行电子招标投标。

第二节　工程项目施工招标与投标

一、工程项目施工招标与投标的工作内容

施工招投标阶段业主或监理方以及承包商的工作内容见表 5-1。

表5-1　招投标阶段业主、监理方以及承包商的工作内容

阶段	主要工作步骤	各方完成的主要工作	
		业主/监理方	承包商
招标准备	申请批准招标	向建设主管部门的招标管理机构提出招标申请	准备投标资料、项目资料、企业内部资料等
	组建招标机构	组建招标班子	
	选择招标方式	①决定分标数量和合同类型 ②确定招标方式	组成投标小组
	准备招标文件	①招标公告 ②资格预审文件及申请表 ③编制招标文件	
	编制招标控制价（标底）	①编制招标控制价（标底） ②报主管部门审批	

阶段	主要工作步骤	各方完成的主要工作	
		业主/监理方	承包商
招标阶段	邀请承包商参加资格预审	①刊登资格预审广告 ②编制资格预审文件 ③发出资格预审文件	索购资格预审文件；填报和申请资格预审；回函收到通知
	资格预审	①分析资格预审材料 ②提出合格投标商名单 ③邀请合格投标商参加投标	回函收到邀请
	发售招标文件	发招标文件	购买招标文件
	投标者考察现场	①安排现场踏勘日期 ②现场介绍	参加现场踏勘；询价；准备投标书
	对招标文件澄清和补遗	向投标者颁布招标补遗	回函收到澄清和补遗
	投标者提问	①接受提问 ②答复	提出问题；参加标前会议；回函收到答复
招标阶段	投标书的提交和接收	①接收投标书 ②退还逾期投标书 ③保护有效投标书	递交投标文件（包括投标保证金）；回函收到逾期投标书
决标成交阶段	开标	开标	参加开标会议
	评标	①评投标书 ②要求投标商提交澄清资料 ③编写评标报告 ④做出授标决定	提交澄清资料；参加澄清会议
	授标	①发出中标通知书 ②要求中标商提交履约保证金 ③进行合同谈判，签订合同 ④通知未中标者，并退回投标保证金 ⑤发布开工令	①回函收到通知；提交履约保证金；参加合同谈判；签订合同 ②未中标者收到通知及回函

二、工程项目施工招标

（一）工程项目施工招标程序

1.工程项目施工招标的准备工作

（1）施工招标前应完成的工作

初步设计完成后即可开始施工招标。为了使投标人能够合理地预见合同履行过程中的风险，以制定施工方案、进行报价编制，以及签订合同后能够及时开工，施工招标的必备条件有：

①招标人已经依法成立；

②初步设计及概算应当履行审批手续的，已经批准；

③招标范围、招标方式和招标组织形式等应当履行核准手续的，已经核准；

④有相应资金或资金来源已经落实；

⑤有招标所需的设计图纸和技术资料；

⑥有法律、法规、规章规定的其他条件。

（2）申请招标

招标单位应填写"建设工程招标申请表"，并经上级主管部门批准后，连同"工程建设项目报建审查登记表"报招标管理机构审批。申请表的主要内容包括工程名称、建设地点、建设规模、结构类型、招标范围、招标方式、施工单位企业资质要求、施工前期准备情况（土地征用、拆迁情况，勘察设计情况，施工现场情况），以及招标机构组织情况等。

（3）招标方式的选择

招标方式的选择主要应考虑以下影响因素。

①施工内容的专业要求。例如，可将土建施工和设备安装分别招标。

②施工现场条件。例如，划分合同标时应充分考虑几个独立承包商同时施工可能发生的交叉干扰。

③对工程总投资的影响。合同数量划分的多少对工程总造价的影响不能一概而论，应根据项目具体特点进行客观分析。

④其他因素影响，如建设资金的到位时间、施工图完成的进度等条件。

2.编制招标文件

工程项目的发包数量、合同类型和招标方式一经确定后，即应编制为招标服务的有关文件。这些文件包括招标公告、资格预审文件、招标文件、协议书以及评标方法等。其中工程建设项目施工招标文件一般包括投标邀请书、投标人须知、拟签订合同的主要条款、投标函的格式及附录；采用工程量清单招标的，应当提供工程量清单、技术条款、设计图纸、评标标准和方法、招标辅助材料等。

招标时限规定：招标人应当确定投标人编制投标文件所需要的合理时间。一般情况下，依法必须进行招标的项目，自招标文件开始发出之日起至投标人提交投标文件截止之日止，不得少于20日。

招标文件应当规定一个适当的投标有效期，以保证招标人有足够的时间完成评标并与中标人签订合同。投标有效期从投标人提交投标文件截止之日起计算。

3.编制招标项目的招标控制价

招标控制价是指根据国家或省级建设行政主管部门颁发的有关计价依据和办法，依据拟订的招标文件和招标工程量清单，结合工程具体情况发布的招标工程的最高投标限价。

国有资金投资的建筑工程招标，应当设有最高投标限价；非国有资金投资的建筑工程招标，可以设有最高投标限价或者招标标底。

最高投标限价及其成果文件，应当由招标人报工程所在地县级以上地方人民政府住房城乡建设主管部门备案。最高投标限价应当依据工程量清单、工程计价有关规定和市场价格信息等编制。招标人设有最高投标限价的，应当在招标时公布最高投标限价的总价，以及各单位工程的分部分项工程费、措施项目费、其他项目费、规费和税金。招标控制价不得进行上浮或下调。

招标控制价超过批准的概算时，招标人应将其报原概算审批部门审核。这是由于我国对国有资金投资项目的投资控制实行的是设计概算审批制度，国有资金投资的工程原则上不能超过批准的设计概算。

投标人经复核认为招标人公布的招标控制价未按照《建设工程工程量清单计价规范》（GB 50500—2013）的规定进行编制的，应在招标控制价公布后5天内向招标投标监督机构和工程造价管理机构投诉。工程造价管理机构受理投诉后，应立即对招标控制价进行复查，组织投诉人、被投诉人或其委托的招标控制价编制人等单位人员对投诉问题逐一核对。当招标控制价复查结论与原公布的招标控制价误差大于±3%时，应责成招标人改正。当重新公布招标控制价时，若重新公布之日起至原投标截止期不足15天的应延长投标截止期。

4. 发布招标公告或投标邀请书

招标公告的具体格式可自定，内容一般包括：招标单位名称，项目概况，购买资格预审文件的地点、时间、价格等有关事项。有关招标文件与资格预审文件的出售规定如下。

①招标人应当按招标公告或者投标邀请书规定的时间、地点出售招标文件或资格预审文件。自招标文件或者资格预审文件出售之日起至停止出售之日止，最短不得少于5个工作日。

②对招标文件或者资格预审文件的收费应当合理，不得以营利为目的。对于所附的设计文件，招标人可以向投标人酌收押金，对于开标后投标人退还设计文件的，招标人应当向投标人退还押金。

③招标文件或者资格预审文件售出后，不予退还。招标人在发布招标公告、发出投标邀请书后或者售出招标文件或资格预审文件后不得擅自终止招标。

5. 资格预审

资格预审是指招标人在招标开始之前或者开始初期，由招标人对申请参加投标的潜在投标人进行资质条件、业绩、信誉、技术、资金等多方面的情况进行资格审查；经认定合格的潜在投标人，才可以参加投标。资格预审时，招标人不得以不合理的条件限制、排斥潜在投标人；不得对潜在投标人实行歧视待遇；不得对潜在投标人提出与招标工程实际要求不符的资质等级要求或其他要求；不得以行政手段或者其他不合理方式限制投标人的数量。

资格预审的主要内容包括施工企业法人资格和组织机构、财务报表、人员报表、施工机械设备情况、分包计划、近五年完成同类工程项目情况、在建工程项目情况、近两年涉及的诉讼案件情况、其他资格证明等。

资格预审内容必须满足的条件如下。

①基本条件：营业执照、资质等级、财务状况、流动资金、分包计划、履约情况。

②强制性条件：强制性条件并非是每个招标项目都必须设置的条件。例如，对于大型复杂工程或有特殊专业技术要求的施工招标，可考虑要求申请投标人具有同类工程的施工经验和能力。

6.发售标书

将招标文件、图纸和有关技术资料发放给通过资格预审的投标单位。投标单位收到招标文件、图纸和有关资料后，应认真核对无误后，以书面形式予以确认。

7.现场踏勘和标前会议

组织投标单位进行踏勘现场的目的在于使其了解工程场地和周围环境，以获取有用的信息。标前会议也称为投标预备会或招标文件交底会，是招标人按投标须知规定的时间和地点召开的会议。标前会议上，招标人除了介绍工程概况以外，还可以对招标文件中某些内容加以修改或补充说明，以及对投标人书面提出的问题和会议上即席提出的问题给以解答，会议结束后，招标人应将会议纪要用书面通知的形式发给每一个投标人。

无论是会议纪要还是对个别投标人问题的解答，都应以书面形式发给每一个获得投标文件的投标人，以保证招标的公平和公正。但对问题的答复不需要说明问题来源。会议纪要和答复函件形成招标文件的补充文件，都是招标文件的有效组成部分，与招标文件具有同等法律效力。当补充文件与招标文件不一致时，应以补充文件为准。

为了使投标单位在编写投标文件时有充分的时间考虑招标人对招标文件的补充或修改内容，招标人可以根据实际情况在标前会议上确定延长投标截止时间。

有关招标文件澄清与修改的规定如下。

①招标人对已发出的招标文件进行必要的澄清或者修改的，应当在招标文件要求提交投标文件截止时间至少15日前，以书面形式通知所有潜在投标人。该澄清或者修改的内容为招标文件的组成部分，与已发出的招标文件具有同等的效力所有澄清文件必须直接通知所有潜在投标人。

②招标人应保管好证明澄清或修改通知已发出的有关文件；投标单位在收到澄清或修改通知后，应书面予以确认，该确认书双方均应妥善保管。

8.接受标函

投标单位根据招标文件的要求，编制投标文件，并进行密封，在投标截止时间前递交至招标单位规定的地点。招标单位接受投标文件并将其密封保存。

9. 开标

（1）开标的时间和地点

开标应当在招标文件确定的提交投标文件截止时间的同一时间公开进行；开标应当在招标文件中预先确定的地点。

（2）开标过程

开标由招标人主持，邀请所有投标人参加。开标时，由投标人或者其推选的代表检查投标文件的密封情况，也可以由招标人委托的公证机构检查并公证。经确认无误后，由工作人员当众拆封，宣读投标人名称、投标价格和投标文件的其他主要内容。招标人在招标文件要求提交投标文件的截止时间前收到的所有投标文件，开标时都应当当众予以拆封、宣读开标过程应当记录，并存档备案。投标单位法定代表人或者授权代表未参加开标会议的视为自动弃权。

10. 评标

（1）评标委员会

评标委员会的组成：评标由招标人依法组建的评标委员会负责，评标委员会由招标人的代表和有关技术、经济方面的专家组成，成员人数为 5 人以上单数，其中技术、经济等方面的专家不得少于成员总数的 2/3。

评标委员会专家应当从事相关领域工作满 8 年，并具有高级职称或者具有同等专业水平，由招标人从国务院有关部门或者省、自治区、直辖市人民政府有关部门提供的专家名册，或者招标代理机构的专家库内相关专业的专家名单中确定；一般招标项目可以采取随机抽取方式，特殊招标项目可以由招标人直接确定。与投标人有利害关系的人不得进入相关项目的评标委员会，已经进入的应当更换。评标委员会成员的名单在中标结果确定前应当保密。

评标委员会成员的义务：

第一，评标委员会成员应当客观、公正地履行职务，遵守职业道德，对提出的评审意见承担个人责任；

第二，评标委员会成员不得私下接触投标人，不得收受投标人的财物或者其他好处；

第三，评标委员会成员和参与评标的有关工作人员不得透漏投标文件的评审和比较情况、中标候选人的推荐情况以及其他情况。

（2）评标程序

①招标人应当采取必要的措施，保证评标在严格保密的情况下进行。任何单位和个人不得非法干预、影响评标的过程和结果。

②评标委员会可以要求投标人对投标文件中含义不明确的内容做必要的澄清或说明，但是澄清或说明不得超出投标文件的范围或改变投标文件的实质性内容。

③按照招标文件确定的评标标准和方法，对投标文件进行评审和比较，设有标底的，应当参考标底。评标委员会完成评标后，应当向招标人提出书面评标报告，并推荐合格的中标候选人名单，中标候选人应当不超过 3 个，并标明排序。

④根据评标委员会提出的书面评标报告和推荐的中标候选人确定中标人。招标人也可以授权评标委员会直接确定中标人。

⑤评标委员会认为所有投标都不符合招标文件要求的，可以否决所有投标。

⑥确定中标人前，招标人不得与投标人就投标价格、投标方案等实质性内容进行谈判。

（3）评标方法

在评标定标时，常采用评标价最低的标书为最优标。评标价不同于投标价，评标价是按预定的方法将某些评审要素折算为评审价格，加到投标书的报价上形成的。评标价仅作为衡量投标人能力高低的量化比较方法，与中标人签订合同时仍以投标价格为准。

可以折算成评标价格的要素一般包括以下几点：

①投标书承诺的工期提前给项目可能带来的超前收益，以月为单位按预定计算规则折算为相应的货币值，从该投标人的报价内核减此值；

②实施过程中必然发生而标书又属明显漏项部分，给予相应的补项，核增投标价；

③技术建议可能带来的实际经济效益，按预定的比例折算后，核减投标价；

④投标书内提出的优惠条件，以开标日为准，按一定的方法折算后，核减投标价；

⑤对其他可以折算为价格的要素，按一定的方法折算后，核增或核减投标价。

根据经评审的最低投标价法完成详细评审后，评标委员会应当拟定一份"价格比较一览表"，连同书面评标报告提交招标人。"价格比较一览表"应当载明投标人的投标报价、对商务偏差的价格调整和说明以及已评审的最终投标价。

投标文件有下列情形之一的，评标委员会应当否决其投标：

①投标文件未经投标单位盖章或单位负责人签字；

②投标联合体没有提交共同投标协议的；

③投标人不符合国家或者投标文件规定的资格条件；

④同一投标人提交两个以上不同的投标文件或者投标报价，但招标文件要求提交备选投标的除外；

⑤投标报价低于成本或者高于招标文件设定的最高投标限价；

⑥投标文件没有对招标文件的实质性要求和条件做出响应；

⑦投标人有串通投标、弄虚作假、行贿等违法行为。

11. 中标和签订合同

（1）公示中标候选人

《招标投标法实施条例》规定，依法必须进行招标的项目，招标人应当自收到评标报告之日起 3 日内公示中标候选人，公示期不得少于 3 日。

投标人或者其他利害关系人对评标结果有异议的，应当在中标候选人公示期间提出。招标人应当自收到异议之日起 3 日内做出答复；做出答复前，应当暂停招标投标活动。

（2）确定中标人

中标人应满足的条件：能够最大限度地满足招标文件中规定的各项综合评价标准；能够满足招标文件的实质性要求，并经评审的投标价格最低，但是投标价格低于成本的除外。

《招标投标法实施条例》进一步规定，国有资金占控股或者主导地位的依法必须进行招标的项目，招标人应当确定排名第一的中标候选人为中标人。排名第一的中标候选人放弃中标、因不可抗力不能履行合同、不按照招标文件要求提交履约保证金，或者被查实存在影响中标结果的违法行为等情形，不符合中标条件的，招标人可以按照评标委员会提出的中标候选人名单排序依次确定其他中标候选人为中标人，也可以重新招标。

中标候选人的经营、财务状况发生较大变化或者存在违法行为，招标人认为可能影响其履行能力的，应当在发出中标通知书前由原评标委员会按照招标文件规定的标准和方法审查确认。

（3）中标通知书

中标人确定后，招标人应当向中标人发出中标通知书，并同时将中标结果通知所有未中标的投标人。

中标通知书对招标人和中标人具有法律效力。中标通知发出后，招标人改变中标结果的，或者中标人放弃中标项目的，应当依法承担法律责任。

招标文件要求中标人提交履约保证金的，中标人应当提交。依法必须进行招标的项目，招标人应当自确定中标之日起 15 日内，向有关行政政府监督部门提交招标投标情况的书面报告。

（4）签订合同

《建筑工程施工发包与承包计价管理办法》中规定，招标人与中标人应当根据中标价订立合同。不实行招标投标的工程由发承包双方协商订立合同。招标人和中标人应当自中标通知书发出之日起 30 日内，按照招标文件和中标人的投标文件订立书面合同。招标人和中标人不得再订立背离合同实质性内容的其他协议。

12. 终止招标

《招标投标法实施条例》规定，招标人终止招标的，应当及时发布公告，或者以书面形式通知被邀请的或者已经获取资格预审文件、招标文件的潜在投标人。已经发售资格预审文件、招标文件或者已经收取投标保证金的，招标人应当及时退还所收取的资格预审文件、招标文件的费用，以及所收取的投标保证金及银行同期存款利息。

（二）投标保证金和投标文件差错修正原则

1. 投标保证金

招标人可以在招标文件中要求投标人提交保证金。投标人在递交投标文件的同时，应按规定的金额、担保形式和投标保证金格式递交投标保证金，并作为其投标文件的组成部分。联合体投标的，其投标保证金由牵头人递交，并应符合规定。投标保证金除现金外，可以是银行出具的银行保函、保兑支票、银行汇票或现金支票、不可撤销信用证、由保险公司或者担保公司出具的投标保证书等。

《招标投标法实施条例》有关投标保证金的规定：招标人在招标文件中要求投标人提交投标保证金的，投标保证金不得超过招标项目估算价的 2%。投标保证金有效期应当与投标有效期一致。依法必须进行招标项目的境内投标单位，以现金或者支票形式提交的投标保证金应当从其基本账户转出。招标人不得挪用投标保证金。

实行两阶段招标的，招标人要求投标人提交投标保证金的，应当在第二阶段提出。招标人终止招标，已经收取投标保证金的，招标人应当及时退还所收取的投标保证金及银行同期存款利息。投标人撤回已提交的投标文件，招标人已收取投标保证金的，应当自收到投标人书面撤回通知之日起 5 日内退还。投标截止后投标人撤销投标文件的，招标人可以不退还投标保证金。

如出现下列情况之一者，投标保证金将不予退还（不退还的投标保证金归招标人所有）：

①投标人在投标有效期内撤回其投标文件；

②投标人未能在规定期限内提交履约担保或签署合同；

③投标人企图改变投标文件中的承诺；

④投标人套标、串标或弄虚作假；

⑤投标人在投标过程（资格审查、开标等过程）中所提供的资料与事实不符。

2. 施工投标文件差错修正原则

投标文件不响应招标文件的实质性要求和条件的，招标人应当拒绝。不允许投标人通过修正或撤销不符合要求的差错，使之成为具有响应性的投标。除招标文件另有约定外，评标委员会应对施工投标文件按下述原则进行修正：

①用数字表示的总额与用文字表示的数额不一致时，以文字数额为准；

②单价与工程量的乘积与总价之间不一致时，以单价为准。若单价有明显的小数点错位，应以总价为准，并修改单价。

三、工程项目施工投标

（一）施工投标程序

1. 索购资格预审文件

潜在投标人在获得招标公告或资格预审通告信息后，根据招标项目要求和自身条件，决定是否准备参加投标。如果准备参加投标应按照招标公告中的规定索购资格预审文件。

2. 填写资格预审文件

资格预审文件一般由资格预审须知和资格预审表两部分组成。潜在投标人在购得资格预审文件后首先应仔细研究资格预审须知，然后遵循"诚实信用"原则如实认真填写资格预审表。

3. 购买招标文件

收到资格预审合格通知书的投标人，应按招标公告或资格预审公告规定的时间、地点向招标人购买招标文件、图纸及有关技术资料。

4. 研究招标文件

投标人取得招标文件后，应认真研究招标文件、图纸和有关资料，全面掌握招标人的意图，避免投标失误。对于需要澄清或有疑问的问题，应以书面形式向招标人提出。

5. 参加现场踏勘

通过现场踏勘详细核对，询问招标人，使投标文件更加符合招标文件的要求，同时，可以实际了解招标项目工程场地和周围环境等信息。

6. 参加投标预备会

招标人在会上解答投标人对招标文件和踏勘现场中所提出的问题，对图纸进行交底，通知有关事项，所以投标人必须参加。

7. 确定投标策略

通过对招标文件的研究和对招标人意图的理解以及对竞争对手的分析，并结合投标人自身的能力条件，采取正确的投标策略。

8. 编制投标文件

编制步骤：结合现场踏勘和投标预备会的结果，进一步分析招标文件；校核招标文件中的工程量清单；根据工程类型编制施工规划或施工组织设计；根据工程价格构成进行工程估价；确定利润方针；计算和确定报价；形成投标文件；进行投标担保。

投标报价不得低于工程成本，不得高于最高投标限价；投标报价应当依据工程量清单、工程计价有关规定、企业定额和市场价格信息等编制。

投标文件的补充、修改或者撤回：投标人在招标文件要求的提交投标文件截止日期前，可以补充、修改或者撤回已提交的投标文件，并书面通知招标人，补充、修改的内容为投标文件的组成部分；在提交投标文件截止时间后到招标文件规定的投标有效期终止之前，投标人不得补充、修改、替代或者撤回其投标文件；投标人补充、修改、替代投标文件的，招标人不予接受；投标人撤回投标文件的，其投标保证金将被没收。

投标文件应当包括下列内容：投标函，投标报价，施工规划或者施工组织设计，商务和技术偏差表，投标文件要求提供的其他材料。

9. 送达投标文件

按照招标文件要求的时间、地点送达，否则招标人将拒收；按照招标文件的要求进行密封和盖章。

10. 参加开标会议

投标人应按时参加开标会议，否则，其投标书按废标处理，投标保证金没收。

11. 接受中标通知

中标人接到中标通知书后应按照招标文件要求提交履约保证金，并做好签订合同的准备。未中标的投标人在接到通知后，应按规定时间领回投标保证金。

12. 提交履约保证金

在签订合同前，中标人以及联合体的中标人应按招标文件有关规定的金额、担保形式和提交时间，向招标人提交履约担保。履约担保有现金、支票、汇票、履约担保书和银行保函等形式，可以选择其中一种作为招标项目的履约保证金，履约保证金不得超过中标合同金额的10%。中标人不能按要求提交履约保证金的，视为放弃中标，其投标保证金不予退还，给招标人造成的损失超过投标保证金数额的，中标人还应当对超过部分予以赔偿。

招标人要求中标人提供履约保证金或其他形式履约担保的，招标人应当同时向中标人提供工程款支付担保。中标后的承包人应保证其履约保证金在发包人颁发工程接收证书前一直有效。发包人应在工程接收证书颁发后28天内把履约保证金退还给承包人。

因承包人原因导致工期延长的，继续提供履约担保所增加的费用由承包人承担；非承包人原因导致工期延长的，继续提供履约担保所增加的费用由发包人承担。

（二）联合体投标

联合体投标是指两个以上法人或者其他组织可以组成一个联合体，以一个投标人的身份共同投标。联合体投标需遵循以下规定。

①联合体各方应按招标文件提供的格式签订联合体协议书，联合体各方应当指定牵头人，授权其代表所有联合体成员负责投标和合同实施阶段的主办、协调工作，并应当向招标人提交由所有联合体成员法定代表人签署的授权书。

②联合体各方签订共同投标协议后，不得再以自己的名义单独投标，也不得组成新的联合体或参加其他联合体在同一项目中投标。联合体各方在同一招标项目中以自己的名义单独投标或者参加其他联合体投标的，相关投标均无效。

③招标人接受联合体投标并进行资格预审的，联合体应当在提交资格预审申请文件前组成。资格预审后联合体增减、更换成员的，其投标无效。

④由同一专业的单位组成的联合体，按照资质等级较低的单位确定资质等级。

⑤联合体投标的，应当以联合体各方或者联合体中牵头人的名义提交投标保证金。以联合体中牵头人名义提交的投标保证金，对联合体各成员具有约束力。

（三）关于投标的禁止性规定

1. 投标人之间串通投标

投标人不得相互串通投标报价，不得排挤其他投标人，损害招标人或者其他投标人的合法权益。有下列情形之一的，属于投标人相互串通投标。

①投标人之间协商投标报价等投标文件的实质性内容；

②投标人之间约定中标人；

③投标人之间约定部分投标人放弃投标或者中标；

④属于同一集团、协会、商会等组织成员的投标人按照该组织要求协同投标；

⑤投标人之间为谋取中标或者排斥特定投标人而采取的其他联合行动。

有下列情形之一的，视为投标人相互串通投标。

①不同投标人的投标文件由同一单位或者个人编制；

②不同投标人委托同一单位或者个人办理投标事宜；

③不同投标人的投标文件载明的项目管理成员为同一人；

④不同投标人的投标文件异常一致或者投标报价呈规律性差异；

⑤不同投标人的投标文件相互混装；

⑥不同投标人的投标保证金从同一单位或者个人的账户转出。

2. 投标人与招标人之间串通招标投标

投标人不得与招标人串通投标，损害国家利益、社会公共利益或者其他人的合法权益。有下列情形之一的，属于招标人与投标人串通投标：

①招标人在开标前开启投标文件并将有关信息泄露给其他投标人；

②招标人直接或者间接向投标人泄露标底、评标委员会成员等信息；

③招标人明示或者暗示投标人压低或者抬高投标报价；

④招标人授意投标人撤换、修改投标文件；

⑤招标人明示或者暗示投标人为特定投标人中标提供方便；

⑥招标人与投标人为谋求特定投标人中标而采取的其他串通行为。

3. 投标人以行贿的手段谋取中标

投标人以行贿的手段谋取中标是违背招标投标法基本原则的行为，对其他投标人是不公平的。投标人以行贿手段谋取中标的法律后果是中标无效，有关责任人和单位应当承担相应的行政责任或刑事责任，给他人造成损失的，还应当承担民事赔偿责任。

4. 投标人以低于成本的报价竞争

投标人不得以低于成本的报价竞标。投标人以低于成本的报价竞标，其目的主要是为了排挤其他对手。如果投标人以低于成本的报价竞标，就很难保证工程的质量，各种偷工减料、以次充好等现象也随之产生。因此，不允许投标人以低于成本的报价竞标。

5. 以他人名义投标或以其他方式弄虚作假骗取中标

《招标投标法》规定，投标人"不得以他人名义投标或者以其他方式弄虚作假，骗取中标"。《招标投标法实施条例》进一步规定，使用通过受让或者租借等方式获取的资格、资质证书投标的，属于以他人名义投标。

投标人有下列情形之一的，属于以其他方式弄虚作假的行为：

①使用伪造、变造的许可证件；

②提供虚假的财务状况或者业绩；

③提供虚假的项目负责人或者主要技术人员简历、劳动关系证明；

④提供虚假的信用状况；

⑤其他弄虚作假的行为。

第三节　工程项目物资设备招标与投标

工程项目建设物资设备招标投标是招标人通过招标的方式，择优选择物资设备供应单位并与其签订供应合同的一系列法律活动的总称。通过招标投标的方式采购和供应建设物资，可以保证建设物资优质、及时和按合理的价格供应，也可以为物资设备的供应商提供公开、公平的竞争机会。

一、工程项目物资设备招标投标的程序

工程项目物资设备招标与投标应遵循以下步骤。

①由主持招标的单位编制招标文件。招标文件应包括招标公告、投标者须知、投标格式合同格式、货物清单、质量标准或技术规范以及必要的附件。

②刊登招标公告。

③投标单位购买标书（在需要进行资格预审的招标中，招标书只发售给资格合格的厂商）。

④投标报价，投标单位应在指定的时间、地点投标报价。

⑤开标、确定中标单位，招标单位应在预定的时间、地点公开开标，当场决定中标单位。

⑥签订合同。

二、划分物资设备合同标的基本原则

由于材料、设备种类繁多，不管是以直接订购还是公开招标方式采购材料、设备，都不可避免地遇到分标的问题。分标时需要考虑的因素主要有以下几点。

（1）招标项目的规模

根据工程项目中各设备之间的关系、预计金额大小等来分标。分标时要大小适当，以吸引众多的供货商，这样有利于降低报价、便于买方挑选。

（2）设备性质和质量要求

分标时可考虑大部分设备由同一厂商制造供货，或按相同行业划分，以减少招标工作量，吸引更多竞争者。有时可将国内制造有困难的设备单列一个标，向国外招标。

（3）工程进度与供货时间

如果一个工程所需供货时间较长，而在项目实施过程中对各类设备、材料的需要时间不同，则应从资金、运输、仓储等条件来进行分标，以降低成本。

（4）供货地点

如果一个工程地点分散，则所需设备的供货地点也势必分散，因而应考虑供货商的供货能力以及运输、仓储等条件来进行分标，以保证供应和降低成本。

（5）市场供应情况

有时一个大型工程需要大量的建筑材料和设备，如果一次采购，势必引起价格上涨，应合理计划、分批采购。

（6）贷款来源

如果买方是由一个以上单位贷款的，而各贷款单位对采购的限制条件有不同要求，则应合理分标，以吸引更多的供货商参加投标。

三、物资设备采购的资格预审

物资采购招标程序中，对投标人的资格审查，包括投标人资质的合格性审查和所提供物资设备的合格性审查两个方面。

（一）投标人资质的合格性审查

投标人填报的"资格证明文件"应能表明他有资格参加投标和具有履行合同的能力。如果投标人按照合同提供的物资不是自己生产的，则应提供制造厂家正式授权同意提供货物的证明材料。要求投标人提交供审查的证明资格文件包括：营业执照的复印件；法人代表的授权书或制造厂家的授权书；银行出具的资信证明；产品鉴定书；生产许可证；产品荣誉证书；制造厂家的情况调查表，包括工厂规模、资产负债表、生产能力、产品在国内外的销售情况、近3年的年营业额、易损件供应商的名称和地址等；审定资格时所需提供的其他证明材料。

（二）所提供物资设备的合格性审查

投标人可凭手册、图纸、资料等材料，说明所提供的建设物资设备及辅助服务的合格性证明。证明材料应说明以下情况：表明货物的主要技术指标和操作性能；为使货物正常运行和连续使用，应提供货物使用期间所需的零配件和特种工具等清单，包括货源和现行价格等情况。

资格预审文件或招标文件中指出的工艺、材料、设备、参照的商标等作为基本要求的说明，并不作为严格的限制条件。投标人可以在投标书说明文件中选用替代标准，但替代标准必须高于或相当于技术规范所要求的标准。

四、评标

对合格标书进行评审比较时，不仅要看所报价格的高低，还要考虑招标单位在货物、设备运抵现场过程中可能要支付的其他费用以及设备在评审预定的寿命期内可能投入的运营和管理费。如果投标人所报的设备价格较低，但运营费很高时，仍不符合以最合理价格采购的原则。

货物采购评标，一般采用评标价法或打分法。

（一）评标价法

以货币价格为指标的评标价法，依据标的性质和特点不同，可选择最低投标价法、综合评标价法和以寿命周期成本为基础的评标价法。

1. 最低投标价法

最低投标价法是指采购简单商品、原材料，以及其他性能、质量相同或容易进行比较的货物时，仅以投标价格作为评标考虑的唯一因素，选择投标价最低者中标。

2. 综合评标价法

综合评标价法是指以投标价为基础，将评定的要素按预定的方法换算成相应的价格，在原投标价上增加或扣减该值而形成评标价格，以评标价格最低的投标书为最优。采购机组、车辆等大型设备时，较多采用这种方法。

评标时，还需考虑其他可折算为价格的因素，一般包括以下几方面内容。

（1）运输费用

由投标单位可能支付的额外费用包括运费、保险费和其他费用。

（2）交货期

以招标文件的"供货一览表"中规定的具体交货时间作为标准。当投标书中提出的交货期早于规定时间，一般不给予评标优惠。若推迟的时间尚在可以接受的范围之内，交货日期每延迟一个月，按投标价的某一百分比计算折算价，将其加到投标价上去。

（3）付款条件

投标人应按招标文件中规定的付款条件来报价，对不符合规定的投标，可视为非响应性投标而予以拒绝。但在订购大型设备的招标中，如果投标人在投标致函内提出，若采用不同的付款条件（如增加预付款）可降低报价的方案供招标单位选择时，这一付款要求在评标时也应予以考虑。当支付要求的偏离条件在可接受范围情况下，应将因偏离要求而给项目法人增加的费用（资金利息等）按招标文件中规定的贴现率换算成评标时的净现值，加到投标致函中提出的更改报价上后作为评标价格。

（4）零配件和售后服务

零配件以设备运行两年内各类易损备件的获取途径和价格作为评标要素。售后服务内容一般包括安装检测、设备调试、提供备件、负责维修、人员培训等工作，评价提供这些服务的可能性和价格。当零配件和售后服务费用已要求投标人包括在投标价之内，则评标时不再考虑这些因素；若要求投标人在投标价之外单报这些费用，则应将其加到报价上。

（5）设备性能和生产能力

投标设备应具有招标文件技术规范中规定的生产效率。如果所提供设备的性能、生产能力等某些技术指标没有达到技术规范要求的基准参数，则每种参数比基准参数降低 1% 时，应以投标设备实际生产效率单位成本为基础计算，在投标价上增加若干金额。将以上各项评审价格加到投标价上，累计金额即为该标书的评标价。

3. 以设备寿命周期成本为基础的评标价法

采用以设备寿命周期成本为基础的评标价法时，应首先确定一个统一的设备评审寿命期，然后再根据各投标书的实际情况，在投标价上加上该寿命年限运行期内所发生的各项费用，再减去寿命期末设备的残值。计算各项费用和残值时，都应按招标文件中规定的贴现率折算成净现值。这些以净现值计算的费用包括以下几项。

①估算寿命期内所需的燃料消耗费。

②估算寿命期内所需备件及维修费用。备件费可按投标人在技术规范附件中提供的担保数字，或参考类似设备实际消耗数据，以运行时间来计算。

③估算寿命期末的残值。

（二）打分法

打分法是指按预先确定的评分标准，对各投标书进行评审记分，得分最高者中标。

1. 评审指标内容

①投标价格；

②运输费、保险费和其他费用；

③投标书中所报的交货期限；

④偏离招标文件规定的付款条件；

⑤备件价格和售后服务；

⑥设备的性能、质量、生产能力；

⑦技术服务和培训；

⑧其他有关内容。

2. 评审指标分值

评审指标分值的分配不应一概而论。表5-2为某项目设备采购时采用的评分标准，供参考。

表5-2 某项目设备采购评分标准

评审指标	分值
投标价	65～70
备件价格	0～10
技术性能、维修、运行费	0～10
售后服务	0～5
标准备件等	0～5
总计	100

打分法的优点是简便、全面，可以将难以用金额表示的各项要素量化后进行比较，从中选出最好的标书。缺点是各评标人独立给分，对评标人的水平和知识面要求高，主观随意性较大。另外，投标人提供的设备型号各异，难以合理确定不同技术性能的分值，有时甚至会忽视某些重要指标。若采用打分法评标，评分要素和各要素的分值分配均应在招标文件中加以说明。

五、其他类别招标概述

监理招标与工程项目建设过程中其他招标的最大区别，表现为"标的"的特殊性，招标人选择中标人的基本原则是"基于能力的选择"，而不应将服务报价作为主要考虑因素。有时甚至不考虑建设工程监理服务报价，只考虑工程监理单位的服务能力。监理招标的"标的"是提供"监理服务"，而非某一种物化劳动，即监理单位在项目建设过程中不承担物质生产任务，只是对建设生产过程提供监督、管理、协调、咨询等服务。

勘察设计任务的招标发包形式既可以将勘察、设计任务单独招标，发包给具有相应资质的勘察单位和设计单位，也可以将勘察、设计任务合并发包给具有相应资质的勘察设计单位。勘察设计总发包，不仅可以减少招标发包的工作量，而且在合同履行过程中，项目法人可以减少两个合同的协调工作量，同时使勘察工作直接根据设计需要进行，满足设计对勘察资料精度、内容、进度的要求。

第六章　工程项目的可持续施工管理

第一节　工程项目可持续施工管理概述

一、工程项目可持续施工概述

工程项目是指企业自工程施工投标开始到保修期满为止的全过程完成的项目。可持续施工是可持续思想在施工管理中应用的具体体现。工程项目在施工阶段如果缺乏有效管理，不仅会造成大量的资源和能源浪费，而且会造成严重的环境污染和危害。出于各种各样的原因，作为工程施工管理主体的施工企业，往往会忽视施工中的资源节约和环境保护问题。在施工工期紧张，施工资金有限的情况下，为了赶工期和节约成本，施工单位往往忽视环境保护问题，这种方式是很不可取的。因此，我们必须由过去传统的粗放式施工模式向精细化施工模式转变，用可持续发展的思想指导工程项目施工管理，实现工程项目的可持续施工。可持续施工，又称绿色施工，是指以节约资源为核心，以保护环境为准则，在施工过程中最大限度地避免环境污染，减少不可再生资源的消耗，保护施工现场人员的健康和安全，并高质量地按时完成工程施工任务。

项目建设的目的是为人们提供满足生产和生活需要的场所，是否能满足人们的需要一般用质量进行衡量。确保项目质量的最有效方法就是对建筑工程进行质量控制。工程质量控制是建筑工程项目管理的核心，是决定建设成败的关键。

二、工程项目质量管理

"百年大计、质量第一"一直是我国强调贯彻执行的方针。工程建设项目投资大，需要耗费大量的人力、物力和财力，并且建筑物是一种较特殊的产品，建筑产品的质量不仅影响建筑物的使用寿命和维修费用，工程建设项目质量的好坏也直接影响人们生产和生活的适用性，关系到人民生命财产的安全。另外，工程质量的优劣直接关系到企业的利益、行业的兴衰、国家的命运、民族的未来，影响国民经济的顺利进行。产品质量的好坏是由生产过程决定的，建筑产品的生产过程就是项目施工阶段，项目施工阶段要控制项目的成本、进度、质量。成本和进度的控制必须是在满足质量要求的前提下进行的。因此，在整个施工阶段必须严格控制质量。

（一）质量与产品质量

1.质量含义

根据《建设工程项目管理规范》（GB/T 50326—2017）的规定，项目质量控制应按《质量管理体系基础和术语》（GB/T 19000—2016）和企业质量管理体系的要求进行。《质量管理体系基础和术语》（GB/T 19000—2016）规定，质量的定义为："组织的产品和服务质量取决于满足顾客的能力，以及对有关相关方的有意和无意的影响。产品和服务的质量不仅包括共预期的功能和性能，而且还涉及顾客对其价值和受益的感知。"该定义中，"产品、过程和服务"是质量的主体。

质量是"反映实体满足明确和隐含需要的能力的特性总和"。"明确需要"是指在合同环境或法律环境中，由顾客用户明确提出并通过合同、标准、规范、图纸、技术文件做出明文规定，由生产企业保证实现的各种要求或需要。

"隐含需要"是指有非合同环境或市场环境中，用户未提出或未明确提出要求，而由生产企业通过市场调研进行识别与探明的种种隐蔽性要求或需要。这种隐含性的要求包含内层含义：一是指用户或社会对产品、服务的"期望"；二是指人们所公认的，不言而喻的、不必做出规定的需要。例如，住宅实体能满足人们最起码的居住功能就属于"隐含需要"。

2.产品质量

产品是"活动或过程"的结果。产品分为有形产品和无形产品。产品质量是指产品满足人们在生产生活中所需要的使用价值及其属性。产品质量具有相对性，衡量质量的标准因时而异，对质量的满足程度因人而异。

（二）工程项目质量

1.工程项目质量的定义

工程项目质量是指通过项目施工全过程所形成的，能够满足用户或社会需求，并根据工程合同、有关技术标准、设计文件、施工规范等具体详细设定其安全、适用、耐久、经济、美观等特性要求的工程质量以及工程建设各阶段、各环节的工作质量总和。

2.工程项目质量定义的内涵

工程项目是多变的，业主对工程质量的需求也是不同的，质量标准和规范也随着社会的进步和科学技术的发展而不断发生变化，但对工程建设质量的基本要求是一致的。因此，工程项目质量的主要内涵通常可以表述如下。

①在项目前期阶段设定所建设项目的规格、质量标准。

②在建筑设计和施工阶段确保工程结构与施工的安全性及可靠性。

安全性是指工程在使用过程中的安全程度。各类建筑物在规定的荷载下，在一定的使用期限内，应满足强度和稳定性的要求，具有足够的安全系数。

可靠性是指工程在规定的时间内和规定的条件下，完成规定的功能能力的大小和程度。满足质量要求的工程，不仅在竣工验收时达标，在一定使用期限内也应具备正常功能。

③提出满足建设项目耐久性要求的保障，以及对与耐久性有重大关系的建筑材料、设备、工艺、结构质量提出要求。

耐久性是指工程的使用寿命。工程寿命是指建筑工程在规定的条件下，能正常发挥其设计功能的总时间，即服务年限。

④对建设项目的其他方面提出相应的要求，如美观性（外观造型、装修装饰）、经济性与环境的协调性、可维护性、可检查性、可持续性等。

经济性是指工程在寿命周期内费用的多少，一般要求造价低、维修费用少。

⑤要求建设工程建成投入使用时能达到预定的质量标准，满足合同要求与隐含要求。

（三）工程项目质量的特点

建筑物是一种特殊的产品。它的生产过程（即项目施工过程）错综复杂，工程项目质量的特点取决于建筑产品本身的特殊性和施工过程的复杂程度。

1. 建筑产品本身的特殊性

建筑产品本身的特殊性主要包括以下几个方面：

①产品多样性。建筑工程形式多样，所采用的结构类型不一，内部格局千变万化。

②空间固定性。建筑工程建成后一般不再移动，位置相对固定。

③体积庞大性。建筑工程占据广阔空间。

2. 施工过程的特点

①单件性。目前，建筑工程还处于工业化初级阶段，大部分工作是在施工现场完成的，属于单件生产过程，只有少部分构件是在工厂预制、现场安装的。

②露天性。建筑工程施工过程中受到自然条件的影响，如风、雨、雪、温度的影响。

③生产周期长。建筑工程施工一般在几个月以上。

④流水施工。

⑤程序繁多，涉及面广，工序交接复杂。

3. 工程项目质量的特点

（1）工程项目质量形成过程复杂

项目建设过程就是项目质量形成的过程。项目建设过程包括立项报建、可行性研究、建设地点选择、编制勘察设计任务书、编制设计文件、工程招标与投标、建筑施工、竣工验收及交付使用。每个阶段对施工项目质量的形成都起决定性作用，因此，质量的形成过程比较复杂。

（2）影响工程项目施工质量的因素多、质量水平波动性大

工程项目的施工不像工业产品生产有固定的自动性和流水性、有规范化的生产工艺和完善的检测技术、有成套的生产设备和固定的生产环境、有相同系列规格和相同功能的产品。建筑工程项目施工过程复杂、周期长，容易受到各种不确定因素的影响，如设计、材料、机械设备、地质条件、气象、施工方法、管理制度、自然条件、工人技术水平、施工安全等因素影响。因此，项目质量水平波动性大。

（3）容易产生质量变异

质量变异是指各种质量影响因素发挥作用引起产品质量存在差异。质量变异分为常变异和非常变异。常变异是指由偶然性因素引起的质量波动，如材料的材质不均匀、机械设备的正常磨损、操作微小变化、环境的小波动等，其特点是无法或难以控制且符合标准规定；非常变异是指系统性因素引起的质量波动，如使用材料的规格品种有误、施工方法不当、操作未按规程、机械故障、仪表失灵等，其特点是可控制、易消除。建筑施工项目涉及面广，任何环节、任何因素出现质量问题都将引起质量变异，造成工程质量事故。因此，在施工中要严防出现系统性因素的质量变异，将质量变异控制在偶然性因素范围内。

（4）容易产生第一、第二类判断错误

工程项目在施工过程中，由于工序交接多，中间产品多，隐蔽工程多，若不及时对其实质进行检查，仅在施工结束后检查表面，则容易把不合格产品认定为合格产品，产生第二类判断错误；或者在检查时不认真，测量仪器不准，读数有误，容易将合格产品认定为不合格产品，产生第一类判断错误。因此，在进行质量检查时，应特别注意。

（5）项目施工质量评定局限性大

建筑工程项目建成后，不像某些工业产品可以拆卸或解体检查内在、隐蔽的质量，发现质量问题可以采取换件等方式解决处理，只能通过事中检查和事后验收评定质量，具有一定的局限性。

（6）项目质量受投资、进度影响

工程项目的质量通常受到投资、进度目标的制约。一般情况下，投资大、进度慢，工程质量较好；投资少、进度快，工程质量较差。项目在施工过程中不能为了追求利润和进度而忽视质量，应做到"好、快、省"，即以最经济的投资、最快的速度建成最好质量的工程，这也是工程建设的最终目标。

三、工程项目施工质量控制的目标和原则

（一）工程项目施工质量控制目标分解

项目施工质量控制就是对其施工质量形成的全过程进行跟踪、监督、检查、检验和验

收的总称。通常，项目施工质量是由工作质量、工序质量和产品质量构成的。因此，通常将控制目标分解为工作质量控制目标、工序质量控制目标、产品质量控制目标。

1. 工作质量控制目标

工作质量是指参与项目施工全过程的人员，为保证项目施工质量所表现的工作水平和完善程度。建筑工程在建设过程中，工作质量按内容可分为社会工作质量和生产过程工作质量。社会工作质量是指围绕质量而进行的社会调查、市场预测、质量回访等各项有关工作的质量；生产过程工作质量是指参与施工人员的管理工作质量、后勤保障工作质量、施工人员职业素质、职业道德工作质量、技术工作质量等。按照建筑工程建设实施阶段不同又可分为决策、计划、勘察、设计、施工、回访保修等各个不同阶段的工作质量。项目施工工作质量一般是指生产过程工作质量，其控制目标可分解为管理工作质量、政治工作质量、技术工作质量、后勤工作质量。

2. 工序质量控制目标

工程施工过程都是通过一道道施工工序完成的。每道工序的质量决定了产品的质量，也影响其下一道工序的质量。因此，每道工序的质量必须满足下道工序要求的相应质量标准。工序施工是指在一定的环境下施工人员利用材料、机械设备，采取相应的施工方法进行建筑产品的生产。因此，工序质量控制目标可分解为人员、材料、机械、施工环境、施工方法。

3. 产品质量控制目标

工程项目质量是指通过项目施工全过程所形成的，能够满足用户或社会需要的并根据工程合同、有关技术标准、设计文件、施工规范等具体详细设定其安全、适用、耐久、经济、美观等特性要求的工程质量以及工程建设各阶段、各环节的工作质量总和。因此，产品质量控制目标可分解为安全可靠性、适用性、耐久性、经济性、美观性及环境协调性。

①安全性是指满足承载力极限状态（强度、稳定性）、正常使用极限状态（挠度、刚度），防火、安全要求。

②适用性是指平面、空间布置合理，通风、采光、隔音、隔热，满足使用者要求。

③耐久性是指使用寿命长。

④经济性是指成本低、维修费用低、使用费用低。

⑤美观性是指要达到造型、体形、装饰风格的美观。

⑥环境协调性是指要与生态环境、社会环境协调，与基础设施协调，与周围建筑物环境协调。

工作质量、工序质量、产品质量三者相互关联，密不可分。一般情况下，工作质量决定工序质量，工序质量决定产品质量。因此，必须通过提高工作质量来保证和提高工序质量，从而确保产品质量。

（二）工程项目施工质量控制的原则

1. 工程项目施工质量控制原则

（1）坚持质量第一、用户至上的原则

建筑工程产品是一种特殊产品，使用年限较长，而且关系到人民生命财产安全和社会安定，一旦出现质量问题就会造成严重的后果。因此，应始终牢记将"质量第一、用户至上"作为建筑工程质量管理的一条重要的基本原则。

（2）以人为控制核心的原则

人是质量的创造者，建筑工程质量管理必须"以人为核心"，就是将人作为控制的动力，调动人的积极性、主动性和创造性，增强人的责任感，从而真正使"质量第一"的观念深入人心，通过提高人的素质，避免失误，最终做到以人的工作质量确保工序质量以及以工序质量确保产品质量。

（3）预防为主的原则

建筑工程产品具有不可拆卸性，质量评定难度大，质量问题带来的影响大，必须将质量事故消灭在萌芽状态中，采取以预防为主的原则。预防为主就是将产品质量的事后检查变为事前控制、事中控制，即将对最终产品的检验变为对工作质量、工序质量及中间产品的质量检查，这样才能确保建筑工程质量。

（4）坚持质量标准，以及严格检查、一切用数据说话的原则

质量标准是衡量产品质量的依据，质量数据是质量管理的基础。工程产品质量是否达标必须经过严格检查，一切用数据说话。

（5）恪守科学、公正、守法的职业道德，严格质量责任的原则

许多工程事故表明，在工程质量问题上任何疏忽极不负责任的行为均会导致严重的后果。因此，工程质量问题不仅仅是一种使用需要、信誉和效益，更应当上升到职业道德范畴，任何粗制滥造导致的质量事故从本质上讲就是犯罪。2001年1月30日起开始执行的《建设工程质量管理条例》对工程质量问题的处理办法已经做出详细规定，并特别强调：有关单位如有故意违反规定、降低工程质量标准、造成重大质量与安全事故的，须依据《中华人民共和国刑法》对有关直接责任负责人员追究其相应的刑事责任。因此，在处理质量问题过程中，应尊重客观事实、尊重科学，正直、公正、遵纪、守法，既要坚持原则也要实事求是。

2. 工程施工质量控制的方法

工程施工质量控制坚持"计划、执行、检查、处理"（PDCA）循环方法，如图6-2所示。

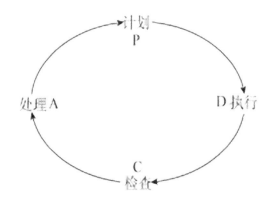

图6-2 施工质量控制循环方法

P—计划（Play）；D—执行（Do）；C—检查（Check）；A—处理（Action）

第二节　工程项目质量的影响因素

工程项目建设过程就是工程项目质量形成的过程，而工程项目建设过程要依次经过建设程序所规定的各个不同阶段，每个阶段对工程项目质量的形成都有一定的影响。因此，必须分析工程项目建设各阶段对工程项目质量的影响以及每个阶段的不同影响因素，以便采取有效的措施控制建筑工程质量。

一、工程项目建设各阶段对质量的影响

1. 可行性研究阶段对工程质量的影响

项目可行性研究是在项目决策之前，运用工程经济学原理对立项建议书所列内容进行分析和论证，具体包括对项目投资有关的技术、经济、社会、环境等各方面进行调查研究，在技术经济上分析、论证各种可能的拟建投资方案，研究在工艺技术上的先进性、适用性和可靠性以及在经济上的合理性、有效性和可能性，科学预测和评价建成投产后的经济效益、社会效益、环境效益，确定项目建设的可行性，提出最佳投资方案作为决策和设计依据。项目可行性研究阶段会对项目质量产生直接影响，因此，必须严格控制该阶段的质量。

2. 决策阶段对工程项目质量的影响

项目决策主要是指制定工程项目的质量目标与水平，是从两个及以上的可行性方案中选择一个合理方案的分析过程。通常，工程项目建设要求从总体上同时控制项目投资、质量和进度，三者相互制约。一般情况下，质量目标定得越高，投资越大，施工进度越慢。

因此，在制定工程项目质量目标和水平时，应对投资目标、质量目标、进度目标三者进行综合平衡、优化，通过科学的决策制定出用户最满意的质量目标和水平，以确保质量目标的实现。因此，此阶段是影响工程建设质量的关键阶段。

3. 设计阶段对工程项目质量的影响

建筑工程设计是指通过建筑设计、结构设计、设备设计使质量目标具体化，并指出达到工程质量目标的途径和具体方法。设计方案技术上是否可行、经济上是否合理、设备是否完善配套以及结构是否安全可靠，都将决定建成后项目的使用功能。因此，设计阶段是影响工程项目质量的决定性环节。没有高质量的设计就没有高质量的工程。

4. 施工阶段对工程项目质量的影响

工程项目建设施工阶段是根据设计文件和图样要求，通过相应的质量控制将质量目标和质量计划付诸实施的过程。这一阶段直接影响工程项目的最终质量，是影响工程项目质量的关键环节。

5. 竣工验收阶段对工程项目质量的影响

竣工验收是对工程项目质量目标的完成程度进行检验、评定和考核的过程。这一阶段是工程项目建设过程向生产使用过程发生转移的必要环节，它体现的是工程质量水平的最终结果。不经过竣工验收，就无法保证整个项目的配套投产和工程质量；竣工验收不认真，就无法实现规定的质量目标。因此，工程竣工验收是影响工程项目质量的一个重要环节。

6. 使用保修阶段对工程项目质量的影响

施工项目是指企业自施工投标开始到保修期满为止的全过程中完成的项目。因此，一个项目不只是经过竣工验收就可完成的，它还要经过使用保修阶段。此阶段要对使用过程中存在的施工遗留问题及发现的新质量问题进行巩固和改进，最终认证工程项目的质量。

二、工程项目质量影响因素的控制

影响建筑工程项目质量的因素主要有人员（Man）、材料（Material）、机械设备（Machine）、施工方法（Method）、施工环境（Environment）五个方面，即建筑工程中的"4ME"。在施工过程中，施工单位应事前对这五个方面严加控制，在《建设工程项目管理规范》（GB/T 50326—2017）中明确规定"项目质量控制因素应包括人、材料、机械、方法、环境"。

（一）人员因素控制

人是指施工活动的组织者、领导者及直接参与施工作业活动的具体操作人员。人员因素的控制就是对上述人员的各种行为进行控制。

人员因素的控制方法主要包括以下几方面。

（1）充分调动人员积极性，发挥人的主导作用

人作为控制对象，要避免人在工作中的失误；作为控制的动力，要充分调动人的积极性，发挥人的主导地位。

（2）提高人的工作质量

人的工作质量是工程项目质量的一个重要组成部分，只有首先提高工作质量，才能确保工程质量。提高工作质量的关键在于控制人的素质，人的素质包括思想觉悟、技术水平、文化修养、心理行为、质量意识、身体条件等方面。要提高人的素质就要加强思想政治教育、劳动纪律教育、职业道德教育和专业技术培训。

（3）建立相应的机制

在施工过程中，尽量改善劳动作业条件，建立健全岗位责任制、技术交底、隐蔽工程检查验收、工序交接检查等规章制度，运用公平合理、按劳取酬的人力管理机制激励人的劳动热忱。

（4）根据工程实际特点合理用人，严格执行持证上岗制度

结合工程具体特点，从确保工程质量需要出发，从人的技术水平、人的生理缺陷、人的心理行为、人的错误行为等方面控制人的合理使用。例如，对技术复杂、难度大、精度高的工序或操作，应要求由技术熟练、经验丰富的施工人员完成；而反应迟钝、应变能力较差的人，则不宜安排其操作快速运动、动作复杂的机械设备；对某些要求必须做到万无一失的工序或操作，则一定要分析人的心理行为，控制人的思想活动，稳定人的情绪；对于具有危险的现场作业，应控制人的错误行为。

另外，在工程质量管理过程中，对施工操作者的控制应严格执行持证上岗制度。对无技术资格证书的人不允许进入施工现场从事施工活动；对不懂装懂、图省事、碰运气、有意违章的行为必须及时进行制止。

（二）材料因素控制

材料是指在工程项目建设中所使用的原材料、成品、半成品、构配件等，是工程施工的物质保证条件。

1. 材料质量控制规定

①项目经理部应在质量计划确定的合格材料供应人名录中按计划招标采购原材料、成品、半成品和构配件。

②材料的搬运和储存应按搬运储存规定进行，并应建立台账。

③项目经理部应对材料、半成品和构配件进行标识。

④未经检验和已经检验为不合格的材料、半成品与构配件等，不得投入使用。

⑤对发包人提供的材料、半成品、构配件等，必须按规定进行检验和验收。

⑥监理工程师应对承包人自行采购的材料进行验证。

2. 材料质量控制方法

材料质量是形成工程实体质量的基础，如果使用材料不合格工程质量也一定不达标。加强材料的质量控制既是保证和提高工程质量的重要保障，也是控制工程质量影响因素的有效措施。材料质量控制包括材料采购、运输，材料检验，以及材料储存和使用。

（1）认真组织材料采购

材料采购应根据工程特点、施工合同、材料的适用范围、材料的性能要求和价格因素等进行综合考虑。材料采购应根据施工进度计划要求适当提前安排，施工承包企业应根据市场材料信息及材料样品对厂家进行实地考察，同时施工承包企业在进行材料采购时应特别注意将质量条款明确写入材料采购合同。

（2）严格材料质量检验

材料质量检验的目的是通过一系列的检测手段，将所取得的材料数据与材料质量标准进行对比，以便事先判断材料质量的可靠性，再据此决定能否将其用于工程实体。材料质量检验的内容包括以下几点。

①材料质量标准。材料的质量标准是用以衡量材料质量的尺度，也是作为验收、检验材料质量的依据。不同材料都有自己的质量标准和检验方法。

②材料检验的项目。材料检验的项目分为：一般试验项目（通常进行的试验项目），如钢筋要进行拉伸试验、弯曲试验，混凝土要进行表观密度、坍落度、抗压强度试验；其他试验项目（根据需要进行的试验项目），如钢丝的冲击、硬度、焊接件（焊缝金属、焊接接头）的机械性能，混凝土的抗折、抗弯强度、抗冻、抗渗、干缩等试验。材料具体检验项目要根据材料使用条件决定，一般在标准中有明确规定。

③材料的取样方法。材料质量检验的取样必须具有代表性，即所采取样品的质量应能代表该批材料的质量。因此，材料取样必须严格按规范规定的部位、数量和操作要求进行。

④材料的试验方法。材料质量检查方法分为书面检查、外观检查、理化检查、无损检查。

⑤材料的检验程度。根据材料信息和保证资料的具体情况，质量检验程度分为免检、抽检、全检三种。

免检：对有足够质量保证的一般材料，以及实践证明质量长期稳定且质量保证资料齐全的材料.可免去质量检验过程。

抽检：对材料的性能不清楚或对质量保证资料有怀疑，或对成批产品的构配件，均应按一定比例随机抽样进行检查。

全检：凡对进口材料、设备和重要工程部位的材料以及贵重的材料应进行全面检查对材料质量控制的要求如下：所有材料、制品和构配件必须有出厂合格证与材质化验单；钢筋水泥等重要材料要进行复试；现场配置的材料必须进行试配试验。

（3）合理安排材料的仓储保管与使用

在材料检验合格后和使用前，必须做好仓储保管和使用保管，以免因材料变质或误用严重影响工程质量或造成质量事故。如因保管不当造成水泥受潮、钢筋锈蚀；使用不当造成同直径钢筋混用；等等。因此，做好材料保管和使用管理应从以下两个方面进行：一方面，施工承包企业应合理调度，做到现场材料不大量积压；另一方面，应切实搞好材料使用管理工作，做到不同规格品种材料分类堆放、实行挂牌标志。

必要时设专人监督检查，以避免材料混用或将不合格材料用于工程实体。

（三）机械设备因素控制

1. 机械设备控制规定

①应按设备进场计划进行施工设备的准备。

②现场的施工机械应满足施工需要。

③应对机械设备操作人员的资格进行确认，无证或资格不符合者严禁上岗。

机械设备包括施工机械设备和生产工艺设备两类。

2. 施工机械设备的质量控制

施工机械设备是实现施工机械化的重要物质基础，是现代化施工中必不可少的设备，对施工项目的质量、进度和投资均有直接影响。机械设备质量控制的根本目标是实现设备类型、性能参数和使用效果与现场条件、施工工艺、组织管理等因素相匹配，并始终使机械保持良好的使用状态。因此，施工机械设备的选用必须结合施工现场条件、施工方法工艺、施工组织和管理等各种因素综合考虑。施工机械控制包括以下几点。

（1）施工机械设备的选型

施工机械设备型号的选择应本着因地制宜、因工程制宜、满足需要的原则，既要考虑到施工的适用性、技术的先进性、操作的方便性、使用的安全性，也要考虑到保证施工质量的可靠性和经济性。例如，在选择挖土机时，应根据土的种类与挖土机的适用范围进行选择。

（2）施工机械设备的主要性能参数

施工机械设备的主要机械性能参数是选择机械设备的基本依据。在选择施工机械时，应根据性能参数，并结合工程项目的特点、施工条件和已确定的型号具体进行。例如，起重机械的选择，其性能参数（起重量、起重高度和其中半径等）必须满足工程的要求，才能保证施工的正常进行。

（3）施工机械设备使用操作要求

合理使用机械设备，正确操作是确保工程质量的重要环节。在使用机械设备时应贯彻"三定"和"五好"原则，即"定机、定人、定岗位责任"和"完成任务好、技术状况好、使用好、保养好、安全好"。

3. 生产机械设备的质量控制

生产机械设备主要控制设备的检查验收、设备的安装质量和设备的试车运转，即要求按设计选择设备；设备进厂后，要按设备名称、型号、规格、数量和清单对照，逐一检查验收；设备安装要符合技术要求和质量标准；试车运转正常，能投入使用。因此，对生产机械设备的检查主要包括以下几个方面。

①对整体装运的新购机械设备应进行运输质量与供货情况的检查。对有包装的设备，应检查包装是否受损；对无包装的设备，应进行外观的检查及附件、备品的清点；对进口设备，必须进行全面检查。若发现问题应详细记录或照相，及时处理。

②对解体装运的自组装设备，在对总部件及随机附件、备品进行外观检查后，应尽快进行现场组装、检测试验。

③在工地交货的生产机械设备，一般都有设备厂家在工地进行组装、调试和生产性试验，自检合格后才提请订货单位复检，待复检合格后，才能签署验收证明。

④对调拨旧设备的测试验收，应基本达到完好设备的标准。

⑤对于永久性和长期性的设备改造项目，应按原批准方案的性能要求，经一定的生产实践考验，并经鉴定合格后方可验收。

⑥对于自制设备，在经过 6 个月生产考验后，按试验大纲的性能指标测试验收，绝不允许擅自降低标准。

（四）施工方法因素控制

广义的施工方法控制是指对施工承包企业为完成项目施工过程而采取的施工方案、施工工艺、施工组织设计、施工技术措施、质量检测手段和施工程序安排等所进行的控制。狭义的施工方法控制是指对施工方案的控制。施工方案正确与否直接影响施工项目的质量、进度和投资。因此，施工方案的选择必须结合工程实际，从技术、组织、经济、管理等方面出发做到能解决工程难题，技术可行，经济合理，加快进度，降低成本，提高工程质量。它具体包括确定施工起点流向、确定施工程序、确定施工顺序、确定施工工艺和施工环境。

（五）施工环境因素控制

影响施工质量的环境因素较多，主要包括以下几点。

①自然环境，包括气温、雨、雪、雷、电、风等。

②工程技术环境，包括工程地质、水文、地形、地震、地下水位、地面水等。

③工程管理环境，包括质量保证体系和质量管理工作制度。

④劳动作业环境，包括劳动组合、作业场所、作业面等，以及前道工序为后道工序提供的操作环境。

⑤经济环境，包括地质资源条件、交通运输条件、供水供电条件等。

环境因素对施工质量的影响有复杂性、多变性等特点，必须具体问题具体分析。例如，气象条件变化无穷，温度、湿度、酷暑、严寒等都直接影响工程质量；前一道工序是后一道工序的环境，前一分项工程、分部工程就是后一分项工程、分部工程的环境。因此，对工程施工环境应结合工程特点和具体条件严加控制。尤其是施工现场，应建立文明施工和文明生产的环境，保持材料堆放整齐、道路畅通，工作环境清洁，施工顺序井井有条，为确保质量、安全创造一个良好的施工环境。

第三节　工程项目施工质量计划

一、工程项目施工质量计划的编制

项目质量计划是指确定项目应达到的质量标准以及如何达到这些质量标准的工作计划与安排。施工项目质量是通过质量计划的实施所开展的质量保证活动达到的，而不是通过事后的质量检查得到的。项目质量管理是从对项目质量计划安排开始的，是通过对项目质量计划的实施实现的。因此，应满足下列要求：

①应由项目经理主持编制项目质量计划；

②质量计划应体现从工序、分项工程、分部工程到单位工程的过程控制，且应体现从资源投入到完成工程质量最终检验和试验的全过程控制；

③质量计划应成为对外质量保证和对内质量控制的依据。

二、工程项目施工质量计划的内容

质量计划应包括以下内容：

①编制依据；

②项目概况；

③质量目标；

④组织机构；

⑤质量控制与管理组织协调的系统描述；

⑥必要的质量控制手段、施工过程、服务、检验和试验程序等；

⑦确定关键工序和特殊过程以及作业的指导书；

⑧与施工阶段相适应的检验、测量、验证要求；

⑨更改和完善质量计划的程序。

三、工程项目施工质量计划的实施

项目质量控制是通过对项目质量计划的实施实现的。因此，在实施质量计划时应注意以下两点。

第一，质量管理人员应按照分工控制质量计划的实施，并按规定保存控制记录。因为质量计划所涉及的范围是建筑施工项目的全过程，所以对工序、分项工程、分部工程到单位工程全过程的质量控制，必须做到以质量计划为依据。施工项的各级质量管理人员必须按照分工对影响工程质量的各环节进行严格控制，并按规定保存好质量记录、质量审核以及用于分析施工项目质量的图表等。

第二，当发生质量缺陷或事故时，必须分析原因、分清责任、进行改正。质量缺陷和质量事故具有复杂性、严重性、可变性和多发性等特点。项目施工质量问题轻者影响施工顺利进行，拖延工期，增加施工费用；重者给工程留下隐患，成为危房，影响安全使用；更严重的可能会引起建筑物倒塌，造成人员伤亡、财产损失。因此，若发生质量缺陷或质量事故，应按质量事故处理程序立刻停止有质量缺陷部位和与其有关联的部位以及下一道工序的施工，尽快进行质量事故调查分析，正确判断质量事故产生原因，研究制订事故处理方案，实施处理方案，分清质量责任。

四、工程项目施工质量计划的验证

在执行质量计划的过程中，要不断对质量计划的执行情况进行验证。

第一，项目技术负责人应定期组织具有资格的质量检查人员和内部质量审核员验证质量计划的实施效果，将实施效果与质量计划中的要求和控制标准进行对照，从而发现质量问题及隐患。当项目质量控制中存在问题或隐患时，采取项目质量纠偏措施，使项目质量保持在受控状态。

项目质量验证方法可分为自检、互检、交接检、预检、隐检等。每次验证应做出记录，并妥善保存。

第二，对重复出现的不合格和质量问题，不仅要分析原因、采取措施给予纠正，还要追究责任，责任人应按规定承担责任，并应依据验证评价的结果进行处罚。

第四节　工程项目质量管理的工具和方法

一、建筑工程项目质量管理的工具

在进行质量控制时，坚持"一切以数据说话"。数据是进行质量管理的基础，用数理统计的方法通过收集数据、整理质量数据，可以帮助人们分析、发现质量问题，以便及时采取措施进行处理。数理统计方法有直方图法、控制图法、相关图法、分层法、排列图法、因果分析图法、调查分析表法七种方法。现简单介绍在建筑工程施工中常用的三种方法。

（一）分层法

分层法也称分组法或分类法，是将收集到的数据按统计分析的目的和要求进行分类，通过对数据的整理将质量问题系统化、条理化，以便从中找出规律，发现影响质量因素的一种方法。

1. 分层的原则

分层的方法多种多样，一般有以下几种。

①按不同施工工艺和操作方法分类；

②按操作人员或班组分类；

③按分部分项工程分类；

④按不同时间分类；

⑤按设备型号、生产组织分类；

⑥按材料成分、规格、供料单位及时间等分类；

⑦按其他因素分类，如工程性质、检查项目等。

2. 案例

某钢材焊接质量调查数据如下：调查点50个，其中不合格的有19个，不合格率为38%。试分析如何提高钢筋焊接质量。

为了查清不合格原因，需要进行分层收集数据。现查明，该批钢筋焊接操作者为三个人，焊条由两个厂家提供，因此，分别按操作者（表6-1）、焊条供应厂家（表6-2）以及两者综合分层（表6-3）进行分类。

表6-1　按操作者分类

操作者	不合格/个	合格/个	不合格率/%
A	6	13	32
B	3	9	25
C	10	9	53
合计	19	31	38

表6-2　按供应焊条工厂分类

工厂	不合格/条	合格/条	不合格率/%
甲	9	14	39
乙	10	17	37
合计	19	31	38

表6-3 综合分层分析焊条质量

操作者		甲厂	乙厂	合计
A	不合格	6	0	6
	合格	2	11	13
B	不合格	0	3	3
	合格	5	4	9
C	不合格	3	7	10
	合格	7	2	9
合计	不合格	9	10	19
	合格	14	17	31

从表6-3中可以看出，用甲厂的焊条，采取工人B的操作方法较好，可使钢筋焊接质量提高。

根据影响因素及各项影响因素对所造成的混凝土质量损失进行分层，见表6-4。

表6-4 混凝土质量损失分层表

序号	质量问题类型	损失金额/元	所占比率/ %
1	混凝土强度不够	1300	54.2
2	蜂窝、麻面	700	29.2
3	露筋、保护层厚度不够	250	10.4
4	预埋件偏移	250	6.2
合计		2400	100.0

（二）排列图法

排列图法是将影响产品质量的因素由大到小用矩形表示出来（图6-3），又称巴氏图法或巴特列图法，也可称为主次因素分析法。

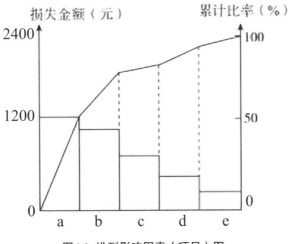

图6-3 排列影响因素（项目）图

1. 排列图的组成

①两个纵坐标：左纵坐标表示产品频数（不合格产品件数或造成金额损失数）；右纵坐标表示频率（不合格品件数或损失金额的累计百分率）。

②横坐标：影响产品质量的各因素或项目。按影响质量程度大小，由大到小从左到右排列，底宽相同。每个直方形的高度表示该因素的影响大小。

③巴特列曲线：表示各影响因素的累计百分数。根据巴特列曲线可将影响因素分为三级。

A类因素累积频率为 0 ～ 80%，是影响产品质量的主要因素；

B类因素累积频率为 80% ～ 90%，是影响产品质量的次要因素；

C类因素累积频率为 90% ～ 100%，是影响产品质量的一般因素。

2. 作图步骤

①收集数据。

②整理数据。混凝土质量损失分层见表6-5。

表6-5 混凝土质量损失分层

序号	质量问题类型	损失金额/元	所占比率/ %	累计比/ %
1	混凝土强度不够	1300	54.2	54.2
2	蜂窝麻面	700	29.2	83.4
3	露筋、保护层厚度不够	250	10.4	93.8
4	预埋件偏移	250	6.2	100.0
合计	—	2400	100.0	—

③画坐标图和巴特列曲线（图6-4）。

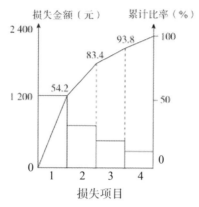

图6-4 巴特列曲线

④图形分析。主要因素 A：混凝土强度不够，蜂窝麻面为 0 ～ 80%；次要因素 B：露筋、保护层厚度不够为 80% ～ 90%；一般因素 C：预埋件偏移为 90% ～ 100%。

（三）因果分析图法

因果分析图又称为特性要因图、鱼刺图、树枝图，是一种逐步深入研究和讨论影响质量问题原因的图示方法。在工程实践中，质量问题的产生是多种原因造成的，这些原因有大有小、有主有次。通过因果分析图，从产品质量主要影响因素出发，分析原因，逐步深入，直到找出具体根源。

因果分析图法最终的目的是查出并确定主要原因，以便制订对策，解决工程质量问题从而达到控制质量的目的。

下面以混凝土质量不合格的主要影响因素"强度不够、蜂窝麻面"的分析为例，说明因果分析图法的作图方法（图 6-5）。

①明确要分析的对象，即要解决的质量特征"混凝土强度不够、蜂窝麻面"，放在主干箭头的前面。

②对原因进行分类，确定影响质量因素的大原因。影响工程质量的因素主要有人员材料、机械、施工方法、施工环境等五大方面。

③确定产生质量问题的大原因背后的中原因，中原因背后的小原因，小原因背后的更小原因。

④发扬技术民主、反复讨论，补充遗漏的因素。

⑤找出主要原因，做显著记号。

⑥针对主要原因，有的放矢地制订对策，并落实到人，限期改正做出对策计划表。

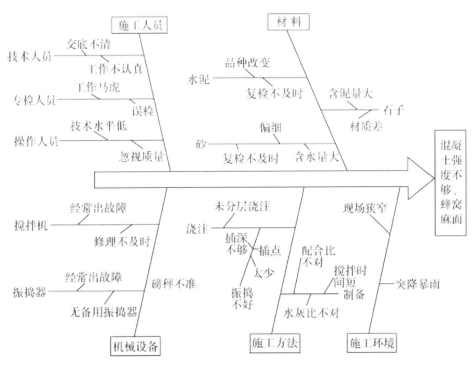

图6-5 凝土强度不够、蜂窝麻面因果分析图

二、工程项目施工质量的检验方法

（一）强制性检验和自主性检验

1. 强制性检验

出于任何产品质量标准都是由国家法律化的定量技术质量参数，要使项目施工质量达到国家标准，就必须使其带有法律强制性。这就决定了质量检验从其诞生起就带有强制性，其检验对象是工序产品或工程产品的最后结果，而不是施工过程；其检查者必须是质量检验专职人员，要得到项目建立工程师和质量监督站的认可。

2. 自主性检验

自主性检验是指在施工过程中自觉地对施工质量进行检验。其检验对象侧重于施工过程质量控制、工序产品质量控制，对施工全过程进行检验；其检验者为参与施工的全体人员。

首先是操作者按规定及标准自检，其次由班组成员互检，最后是工序之间、班组之间、相关施工队之间、承包人之间进行交接检查验收。

（二）现场质量检验的方法

现场进行质量检验的方法主要有目测法、实测法和试验法三种。

1. 目测法

目测法又称感觉性检验方法，是依靠人的感官对某些分项工程的光洁度、平整度、对称性等进行质量状况判断。其要领为看、摸、敲、照四个字，即通过观感、手感、音感、光照进行现场质量的检查评价。

①看，就是根据质量标准进行外观目测。例如，墙纸裱糊质量：纸面无斑痕、空鼓、气泡、褶皱；每一墙面纸的颜色、花纹一致；斜视无胶痕，纹理无压平、起光现象；对缝无离缝、搭缝、张嘴；对缝处图案、花纹完整；裁纸的一边不能对缝，只能搭接；墙纸只能阴角处搭接，阳角应采用包角；等等。

②摸，就是手感检查，主要用于装饰工程的某些检查项目。例如，水刷石、干黏石黏结牢固程度，油漆的光滑度，浆活是否掉粉，以及地面有无起砂等，均可通过手摸加以鉴别。

③敲，运用工具进行音感检查。例如，对地面工程、装饰工程中的水磨石、面砖、锦砖和大理石贴面等，均应进行敲击检查，通过声音的虚实确定有无空鼓，还可根据声音的清脆和沉闷，判定属于面层空鼓或底层空鼓。另外，用手敲玻璃，如发出颤动音响，一般是底灰不满或压条不实。

④照，对于难以看到或光线较暗的部位（如风道等）可用镜子反射或灯光照射的方法对其进行质量检查。

2. 实测法

实测法是指质量检验人员用经纬仪、水准仪或直尺等对建筑物轴线、标高、垂直度等质量标准进行定量测定，将实测数据与施工规范与质量标准所规定的允许偏差进行对照，以判断检查对象的质量是否合格。

实测法的要领是靠、吊、量、套。

靠——用直尺、台尺检查墙面、地面、屋面的平整度。

吊——用托线板及线锤吊线检查垂直度。

量——用测量工具、计量仪表检查截面尺寸、轴线、标高、湿度和温度偏差。

套——用方尺套方辅以直尺检查以判断阴阳脚方正、踢脚线垂直度以及预制构件的方正。

3. 试验法

通过试验方法对质量做出判断。例如：对桩或地基进行静载试验，确定其承载力；对钢结构进行稳定试验，确定其稳定性；对钢筋焊头进行拉力试验，确定钢筋焊接质量；等等。

第五节　工程项目施工质量控制

一、工程项目施工准备阶段的质量控制

工程项目施工准备阶段的质量控制是指对项目开工前所进行的准备工作及开工后经常进行的施工准备工作所实施的各种控制活动。施工准备阶段的质量控制对项目施工质量有很重要的影响。

①施工合同签订后，项目经理部应索取设计图纸和技术资料，指定专人管理并公布有效文件清单。

②项目经理部应依据设计文件和设计技术交底的工程控制点进行复测。当发现问题时，应与设计人协商处理，并应形成记录。

③项目技术负责人应主持对图纸审核，并应形成会议记录。

④项目经理应按质量计划中工程分包和物资采购的规定，选择并评价分包人和供应人，并应保存评价记录。

⑤企业应对全体施工人员进行质量知识培训，并应保存培训记录。

（一）施工准备的范围

施工准备工作的控制包括对全场性施工准备或单位工程、分部分项工程的施工准备，以及项目开工前、开工后的施工准备所进行的控制，具体包括以下几个方面。

①全场性施工准备是针对整个施工现场进行的各项施工准备。

②单位工程施工准备是针对一个建筑物或者一个构筑物而进行的施工准备。

③分项、分部工程施工准备，是针对单位工程中的一个分项、分部工程而进行的施工准备。

④开工前的施工准备是为了满足开工条件而进行的准备。

⑤开工后的施工准备是为了工程开工后继续顺利施工进行的准备。

（二）施工准备的内容及控制

无论是哪个范围的施工准备，其主要内容都包括施工技术准备、施工物资准备、施工劳动组织准备、施工现场准备、现场外准备五个大方面。

1. 施工技术准备工作的质量控制

技术准备工作是施工准备工作的核心内容，项目施工方面的任何技术差错或者技术隐患都可能带来质量事故，造成人员伤亡、财产损失。技术准备工作主要包括项目扩大初步设计方案，项目施工图纸会审，项目建筑地点的自然条件、技术经济条件的调查分析，编

制项目施工图预算和施工预算，编制项目施工组织等各项工作。技术准备工作的质量控制就是指对上述各项工作的控制。

2. 施工物资准备工作的质量控制

材料（原材料、成品、半成品、构配件）和机械设备，既是施工得以顺利进行的物质保障也是施工过程能够正常、连续进行的必要保证。物资准备工作主要包括建筑材料准备，构配件、成品和半成品加工准备，建筑施工机械准备，以及生产工艺设备准备等各项工作。物资准备工作的质量控制主要是对上述准备工作所进行的控制。对物资准备的要求主要有：按照材料控制的原则逐项核实材料的产品出厂合格证书，确保材料质量符合设计要求；按机械设备控制的原则检查机械设备是否进入正常生产运行状态，确保按时开工。

3. 施工劳动组织准备工作的质量控制

劳动组织准备是指为施工过程的顺利展开而进行的人员组织与安排的工作。劳动组织准备主要包括建立项目组织机构、集结施工队伍、建立精干的施工作业班组、组织劳动力进场、对施工队伍进行入场教育、施工组织以及技术交底、建立健全质量管理制度等各项活动。

劳动组织准备工作的质量控制主要包括对以上准备工作所进行的控制。另外，对技术交底的控制应符合以下规定：单位工程、分部工程和分项工程开工前，项目技术负责人应向承担施工的负责人或分包人进行书面技术交底。技术交底资料应办理签字手续并归档。

4. 施工现场准备工作的质量控制

施工现场准备工作主要为拟建工程的施工创造有利的施工环境和施工条件。施工现场准备工作主要包括控制网、水准点、标桩的测量，"五通一平"，生产、生活临时设施的准备，组织机械、材料进场，拟订有关试验、试制和技术进步项目计划，编制季节性施工措施，制定施工现场管理制度等各项工作。施工现场准备工作的质量控制主要包括对以上工作所进行的控制。其中，对控制网、水准点、标桩的测量应符合以下规定：在项目开工前应编制测量控制方案，经项目技术负责人批准后方可实施，测量记录应归档保存；对测量点线妥善保护，严禁擅自移动。

5. 现场外准备工作的质量控制

施工项目工程准备除了以上的准备工作外，施工现场外也要进行一些准备工作。场外施工准备工作质量也同样会对项目施工质量产生重大影响。场外准备工作主要包括签订建筑材料、构配件、建筑制品、工艺设备的加工等合同，与有关配合单位签订协议书及依法进行工程分包、订立分包合同，向上级提交开工申请报告，资金筹措等各项活动。现场外准备工作的质量控制就是对上述活动所进行的质量控制。

二、工程项目施工过程质量控制

工程项目施工阶段，既是工程实体形成的阶段，也是工程产品质量和使用价值形成的阶段。建筑施工承包企业的所有质量工作也要在项目施工过程中形成。同时，由于项目施工阶段工期长、露天作业受自然条件影响大，因此要确保项目施工质量，就必须对项目施工过程进行严格的质量控制。建筑工程施工过程控制就是以保证工程实体质量为目的，对产品生产过程也就是项目施工过程进行系统安排，通过对人员、材料、机械设备、施工方法、施工环境等项目施工质量影响因素的控制，有效地控制每个质量工作环节。施工过程的质量控制是建筑工程施工阶段质量控制的重点。因此，结合建筑工程产品的实际特点，工程建设项目施工过程的质量控制分为工序质量控制、现场质量检查、成品保护、特殊过程质量控制等步骤。

（一）施工过程中的工序质量控制

工程项目施工过程是由一系列相互关联、相互制约的工序所构成的。工序是质量影响因素"人员、材料、机被、施工方法、施工环境"等起作用的过程。因此，施工项目质量是在施工工序中形成的，施工工序质量直接影响工程项目的整体质量。控制工程项目施工过程的质量必须以工序质量控制为核心，采取预防为主的控制措施。

1. 工序质量控制的规定

①施工作业人员应按规定经考核后持证上岗。

②施工管理人员及作业人员应按施工工艺、操作规程、作业指导书和技术交底文件进行施工；施工工艺和操作规程是施工操作的依据与法规，是确保工序质量的前提，任何人都必须严格执行，不得违反。

③工序的检验和试验应符合过程检验和试验的规定，对查出的质量缺陷应按不合格控制程序及时处理。

④施工管理人员应记录工序施工情况。

2. 工序质量控制的原理

工序包含工序活动条件和工序活动效果。工序活动条件是指每道工序所投入的人、材料、机械、施工方法、施工环境；工序活动效果是指每道施工工序所完成的产品。工序质量控制就是指对工序活动条件和工序活动效果的控制，使其符合规定的质量要求，为工序活动创造良好的条件；工序活动效果的控制是指对每道施工工序所完成的产品质量进行控制，使达到有关的质量标准。为了有效地控制工序质量，工序控制必须满足以下原则。

（1）主动控制施工工序活动条件的质量

在工序质量控制中，必须主动控制工序活动条件，事后检查转为事先控制。对人员、材料、机械、施工方法、环境等影响因素预先进行认真分析，加以严格控制；对不利因素的影响及时采取措施予以纠正，避免系统性因素所引起的质量变异，确保每道工序的质量始终处于正常、稳定状态。

（2）及时检查施工工序作业效果的质量

在工序质量控制中，除主动控制工序活动条件外，还必须动态控制工序质量，事后检查转为事中控制。因此，在工序质量控制中，必须采取一定的检测手段及时检验工序质量，并根据检验结果做好数理统计分析工作，判断该工序的质量，密切跟踪，及时掌握质量动态，一旦发现问题马上处理，使工序活动效果的质量始终满足有关的质量规范规定，最终实现对工序质量的控制。

3. 工序质量检查和控制的程序

对工序质量的控制应当分清主次、抓住关键，建立完善的质量体系和质量检验制度。工序质量控制和检查的程序如下。

（1）确定工序质量控制计划

工序质量控制计划是进行工序质量控制的依据和准则，是确保工序质量控制有秩序进行的关键。工序质量控制计划要以质量体系和质量检验制度为基础，明确规定工序质量控制的程序和检验制度，作为施工单位和监理部门共同遵守的准则。

（2）进行工序影响因素分析，分清主次，重点控制

每道工序的质量都要受到众多因素的影响，在工序质量控制中，应当对影响工序质量的因素进行分析，找出对工序质量特征性能有重要影响的主要因素，针对主要因素制订对策，进行主动控制，以便预防工序质量问题。

（3）选择和确定工序质量控制点

设置质量控制点是进行工序质量控制的前提，是抓住影响工序质量主要因素的有力措施。因此，要做到有效地进行质量控制必须合理地设置质量控制点。

（4）确定每道工序质量控制点的质量目标

所谓工序控制点的质量目标是指工序活动效果，也就是工序产品的质量。

（5）检测

按规定的检测方法对工序质量控制点现状进行跟踪检测。

（6）比较

将工序质量控制点的质量现状和质量目标进行比较，找出两者的质量差距和产生原因。

（7）处理

采取相应技术、组织和管理措施，消除其质量差距，防止发生质量问题。

（8）记录

整个质量检验过程中，要将检验数据完整无误地记录下来，以便进行数据处理和备检使用。

4.合理设置工序质量控制点

质量控制点一般是指为了保证工序质量而需要进行控制的重点，或关键部位，或薄弱环节。因此，在确定质量控制点时，要对施工过程进行全面分析和比较，找出施工过程中可能出现的质量问题或质量隐患，并分析产生的主要原因，然后针对主要原因提出相应的对策进行施工质量预控，以便在一定时期内、一定条件下对其进行重点与强化管理，从而有效地消除易于发生的质量隐患，使施工质量始终处于良好的被控制状态。工序质量控制点必须根据施工项目的特点、重要性、复杂程度、质量标准和要求合理确定，其设立原则如下。

（1）关键部位

对项目质量影响大的关键部位或工序必须设立质量控制点，如高层建筑物垂直度等。

（2）常见的质量通病

经常容易出现质量通病（渗水、漏水、起砂、起壳、裂缝、生锈等）的工序必须设立质量控制点。

（3）施工顺序和关键操作

可能影响项目施工质量的某些工序的施工顺序或关键操作必须设立质量控制点。例如，冷拉钢筋要先焊接后冷拉；预应力钢筋张拉要进行超张拉和持荷 2min。其目的是减少混凝土压缩和徐变、钢筋松弛、孔道摩擦等原因造成的钢筋应力损失。

（4）材料的质量和性能

材料的质量和性能是直接影响工程质量的主要因素，因此必须设立质量控制点，如钢筋、水泥、混凝土等材料的各项性能都必须进行严格控制。

（5）技术间歇时间

有些工序之间的技术间歇性很强，不严格控制会影响质量。因此，对影响下道工序的技术间歇时间必须设立质量控制点。例如，砖墙砌筑后，一定要有 $6 \sim 10h$ 的时间让墙体充分沉陷、稳定、干燥，然后才可抹灰；混凝土分层浇筑时必须待下一层混凝土为初凝时将上一层浇筑完，以便混凝土之间可以结合得很好。

（6）技术参数

与施工质量密切相关的技术参数必须设立质量控制点，如混凝土配合比、水胶比等。

（7）新工艺、新材料、新技术

施工人员对新工艺、新材料、新技术的操作缺少经验，容易产生质量问题，必须设立质量控制点进行严格控制。

（二）施工过程中的现场质量检查

为确保施工项目质量,现场质量检查是必不可少的关键环节。其内容主要包括以下几点。

（1）开工前检查

其目的在于检查工程是否具备开工条件，开工后能否连续施工，能否保证工程质量。

（2）在工序施工过程中的跟踪监督与检查

在监督检查所有工序投入品，即人员、材料、机械、方法、环境质量的同时，重点监督、检查对工程质量有重大影响或施工难度大、易于产生质量通病的施工对象，通过对其进行巡视检查、密切跟踪，严格控制施工操作质量。

（3）工序交接检查

对于重要的工序和对工程质量有重大影响的工序，在自检、互检的基础上，还应组织专职质检人员进行工序的交接检查。

（4）隐蔽工程检查

凡属于隐蔽工程的工序必须经过检查认证后方可进行下一道工序施工。

（5）停工后、复工前的检查

处理质量问题或某种原因使工程暂时停止施工的，在复工之前必须经过检验，具备复工条件方可复工。

（6）分部、分项工程完工检查

分项、分部工程完工之后，应经检查认可，签署施工验收记录或中间交工证书，方可进行下一分项、分部工程的施工进程。

（三）成品保护

在施工过程中经常会出现一些中间产品，如有些分项、分部工程已完工，而其他部位正在施工，如果不对成品进行保护则会造成损伤、污染，从而影响质量，因此，必须对成品进行妥善保护。对成品进行保护的最有效方法是合理安排施工顺序，同时对成品采取有效的保护措施。

1.合理安排施工顺序

科学合理地安排施工顺序，按正确的施工流程进行施工，是进行建筑工程成品保护的有效途径之一。在施工中，只要合理科学地安排施工顺序，便可以有效保护成品的质量，也可以有效防止后道工序损伤或污染前道工序。

①建筑工程施工要遵循"先地下后地上""先深后浅"的施工顺序，这样不会破坏地下管网和道路路面。

②地下管道与基础工程相配合进行施工，可避免基础工程完工后再进行打洞挖槽安装管道，影响工程质量和施工进度。

③先在房心回填再做基础防潮层，保护防潮层不受填土夯实的损伤。

④装饰工程采取自上而下的施工顺序，可以使房屋主体完工后有一定的沉降期，先做屋面防水层，可以保护装饰工程质量。

⑤先做地面，后做顶棚、地面抹灰，可以保护下层顶棚、墙面抹灰不受渗水污染；如果在已经做好的地面上施工，要保护好地面；如果先做顶棚和墙面抹灰，后做地面，要求楼板灌缝必须密实，以免漏水污染墙面和顶棚。

⑥在进行建筑室内装饰时，应采取先喷浆后安装灯具的施工顺序，可避免先安装灯具后喷浆对灯具的污染。

⑦楼梯间和踏步的饰面装修宜在整个饰面装修完工后再自上而下进行；门窗扇的安装通常在抹灰后进行；一般先涂油漆后安装玻璃。

⑧采用单排外脚手架砌墙时，由于砖墙上有脚手架洞眼，因此，内墙抹灰一般在同一层外墙粉刷完，拆除脚手架，填补完洞眼后进行，这样有利于保证内墙抹灰的质量。

2. 采取有效的措施保护成品

对成品的保护措施具体有护、包、盖、封四种。

护就是对成品进行提前保护，以防止成品可能发生的损伤和污染。例如，为了防止清水墙面污染，在脚手架、安全网横杆、进料口四周以及邻近水刷石墙面上提前订上塑料布或纸板；清水楼梯踏步采用护棱角铁上下连通固定；门口在手推车容易碰到的部位，在小车轴的高度钉上防护条或槽型盖铁；进出口台阶应垫砖或方木，搭脚手板过人；外檐水刷石大角或柱子要立板固定保护；等等。这些保护措施既保护了成品不被破坏又可加快施工进度。

包就是对成品实施包裹，以防被损伤或污染。例如，大理石或高级柱子贴面完工后，应用立板包裹捆扎；楼梯扶手喷完漆后用纸包裹加以保护；在喷浆前，用塑料布、纸等把铝合金门窗、暖气片、管道、电器开关、插座等设施包上，以防污染。

盖就是对成品进行表面覆盖，以防堵塞或损伤。例如，预制水磨石、大理石楼梯应用木板、加气板等覆盖，以防操作人员踩踏和物体磕碰；水泥地面、现浇或预制水磨石地面应铺干锯末保护；高级水磨石地面或大理石地面应用苫布或棉毡加以覆盖；落水口、排水管应加以覆盖以防堵塞；散水完工后，可覆盖一层砂子或土有利于散水养护并防止磕碰；对其他一些防晒、防冻、保温养护的成品也要加以覆盖，做好保护工作。

封就是对成品进行局部封闭，以防破坏。例如：预制水磨石、水泥抹面楼梯施工后应将楼梯口暂时封闭，待达到上人强度并采取保护措施后再开放；室内塑料墙纸、木地板油漆完成后，均应立即锁门；屋面防水层做完后，应封闭上屋顶的楼梯门或出入口；等。

总之，在项目施工中，必须具有成品保护的意识，若做不好成品保护，使其受污染或损坏成为废品、不合格品，就会增加返工造成的经济损失，也会影响工程进度。因此，在施工过程中，应合理安排施工顺序，采取有效措施对成品加以保护，同时必须加强对成品保护工作的检查。

（四）特殊过程质量控制

项目施工质量的控制还应注重某些"特殊过程"，如无法检测或只能进行破坏性检测的工序、在以后的检验或试验中不能测量结果的工序等，以上工序称为特殊过程。特殊过程控制应符合以下规定。

①对在项目质量计划中界定的特殊过程，应设置质量控制点进行控制；

②对特殊过程的控制，除应执行一般过程控制的规定外，还应由专业技术人员编制专门的作业指导书，经项目技术负责人审批后执行；

③对从事特殊过程的人员进行培训和资格认可。

三、工程项目竣工验收阶段的质量控制

（一）工程项目竣工验收的概念

1. 工程项目竣工

工程项目竣工是指工程项目经过施工承包单位所进行的施工准备和全部施工活动，已经完成了工程项目设计图样和工程合同规定的全部内容，并达到业主单位的使用要求；它标志着工程项目施工任务已经全面完成。

2. 工程项目竣工验收

工程项目竣工验收是指施工承包单位将竣工工程项目及有关资料移交业主单位或监理单位，并接受业主单位对产品质量和技术资料的一系列审查验收工作的总称。它是工程项目质量控制的关键。经竣工验收后，如果工程项目达到竣工验收质量标准，则可以解除合同双方各自承担的合同义务及经济和法律责任。

工程项目竣工验收是工程项目施工全过程中最后一道程序，也是工程项目管理的最后环节。它既是建设投资转入生产或使用的标志，也是全面考核投资效益、检验设计和施工质量的重要环节。

（二）竣工验收阶段质量控制的规定

①单位工程竣工后，必须进行最终检验和试验。项目技术负责人应按编制竣工资料的要求收集、整理质量记录。

②项目技术负责人应组织有关专业技术人员按最终检验和试验规定，根据合同要求进行全面验证。

③对查出的施工质量缺陷，应按不合格控制程序进行处理。

④项目经理应组织有关专业技术人员按合同要求编制工程竣工文件，并应做好工程移交的准备。

⑤在最终检验和试验合格后，应对建筑物产品采取保护措施。

⑥工程交工后，项目经理部应编制符合文明施工和环境保护要求的撤场计划。

（三）竣工验收的依据和标准

1. 工程项目竣工验收的依据

根据工程项目竣工验收的实践经验，工程项目竣工验收的依据主要包括以下几点。

①上级主管部门有关该工程项目建设和批复文件。

②经有关部门批准的设计纲要、设计文件、施工图纸和说明书，以及设备技术说明书。

③业主与承包商签订的工程承包合同以及招投标文件、协作配合协议。

④国家或有关部委颁发的现行施工与验收规程、规范和质量检验评定标准。

⑤图样会审记录、设计变更签证、中间验收资料和技术核定单。

⑥施工单位提供的有关质量保证文件和技术资料等。

2. 工程项目竣工验收的标准

由于建设工程项目种类繁多，要求各异，因此，对每一种工程必须有与之相适应的竣工验收标准，以便验收各方共同遵循。国家和有关部委颁发了相关规定和标准，主要有《房屋建筑和市政基础设施工程竣工验收规定》（建质〔2013〕171号）《机械设备安装工程施工及验收通用规范》（GB 50231—2017）、《人民防空工程施工及验收规范》（GB 50134—2004）、《城市桥梁工程施工与质量验收规范》（CJJ2—2008）、《建筑电气工程施工质量验收规范》（GB 50303—2015）等。具体验收时应严格遵循国家或地方颁发的现行标准。

（四）竣工验收的准备工作

在建设工程项目正式竣工验收前，施工单位应按照工程竣工验收的有关规定，配合监理工程师做好竣工验收的准备工作。

1. 完成工程项目的收尾工程

工程完成后竣工验收前，要按设计图纸和工程合同规定逐一对照，查出是否有遗漏项和需要补修的项目，这些项目叫作收尾工程项目。它的特点：零星、分散、工程量小、分布面广。如果不及时完成将会直接影响工程项目的竣工验收及投产使用。因此，应根据收尾工程的情况制订科学合理的作业计划，保质保量地完成工程项目的收尾工作，确保项目施工质量。

2. 竣工验收资料的准备

竣工验收资料和有关技术文件是工程项目竣工验收与质量保证的重要依据之一，施工单位应从施工开始就注意工程资料的积累和保管，在竣工验收后整理归档，按合同要求提供全套的竣工验收所必需的工程资料，以便竣工验收、总结经验教训和不断提高质量控制的管理水平。

工程项目竣工验收的资料包括很多方面，归纳起来主要包括以下内容。

①工程开工报告和竣工报告。

②工程说明包括工程概况，工程竣工图，设计变更项目、原因及内容，监理工程师有关工程设计修改的书面通知，技术变更核实单，工程施工总结，以及工程实际完成情况等。

③对建筑工程质量与建筑设备安装工程质量的评价包括监理工程师检查签证资料、质量事故及重大缺陷处理资料。

④清单包括竣工工程项目清单与遗留工程项目清单。

⑤建筑材料、设备、构件的质量合格证,以及试验单等。

⑥隐蔽工程验收记录,分项工程、分部工程验收记录,单位工程验收资料,以及监理工程师与业主的各种批准文件。

⑦观测记录包括永久性设备埋设观测记录,水准点位置、定位测量记录,以及建设期内沉降和位移等观测记录、分析记录和运行记录等。

⑧其他资料包括工程测量、工程地质、水文地质资料,工程中遗留问题的处理意见,以及对工程投入使用运行的意见和建议。

3.竣工验收的预验收

竣工验收的预验收是建筑工程项目顺利通过正式竣工验收的保证。预验收是在工程完工后,建筑施工承包单位组织有关人员进行一次内部模拟验收。通过预验收,施工承包单位对已建工程进行自我评价,并及时发现存在的质量问题,采取措施进行修补,以免拖延竣工验收时间。

(五)竣工验收的程序

工程项目竣工验收应以建设单位为主,由监理工程师牵头,组织使用单位、施工单位、设计和勘查单位、质量检验部门共同进行。

1.施工单位进行竣工预验收

施工单位竣工预验收根据建筑工程重要程度及规模的大小,通常有以下三个层次。

(1)基层施工单位竣工自检

建筑工程施工过程结束后,基层施工单位施工队长应组织有关职能人员,根据施工图样、合同规定以及相应的验收标准对拟报竣工工程的情况和条件进行自我评价与验收。其主要内容包括竣工项目是否符合有关规定、工程质量是否符合质量检验评定标准、工程资料是否齐全、工程完成情况是否符合设计施工图要求与使用要求等。如果发现有缺陷,必须及时组织人力物力,采取有效措施限期保质完成。

(2)工程项目经理组织竣工自检

基层施工单位经过自检通过,将预验收报告和有关资料提交给项目经理部,项目经理根据报告组织生产、技术、质量、预算等各职能人员进行一次工程竣工预验收。为了使工程项目能顺利通过正式验收,最好邀请监理人员参加工程预验收。经严格检验,确认符合施工图标准要求达到竣工标准,可填报竣工验收通知单;如果发现问题,应提出整改措施,并限期保质完成。

(3)公司级组织竣工自检

根据项目经理部的申请,竣工工程可视其重要程度和性质,由公司组织有关职能人员进行检查预验收，并进行初步评价。若达标则申请竣工验收；若存在不合格项目，则提出整改意见,责令施工队限期保质完成,并再次组织检查验收,以决定是否提请正式验收报告。

2．施工单位提交竣工验收申请报告

经过以上竣工预验收，施工单位可决定正式向监理单位提交验收申请报告。监理工程师在收到验收申请报告后，应参照建筑工程合同要求和验收标准等进行仔细审查。

3．根据竣工验收申请报告进行现场初检

监理工程师在审查完验收申请报告后，如果认为可以进行验收，则应由监理单位负责人组成验收机构，对竣工项目进行现场初步验收。若发现质量问题或质量缺陷，应及时以书面形式通知或以备忘录的形式告知施工单位，并令其按有关质量要求限期内完成修补工作，甚至返工。

4．进行正式竣工验收

监理部门初验合格后，则应由监理工程师牵头，组织使用单位、施工单位、设计和勘察单位、上级主管部门、质量检验站等，在规定的时间内对申报工程进行正式竣工验收，现概括如下。

（1）竣工验收的内容

①单项工程验收。单项工程竣工验收是指在一个总体建设项目中，一个单项工程或一个车间已经按设计要求建成完工，能满足生产要求或具备使用条件，并且通过施工单位预验和监理工程师初验，达到正式验收标准，在此前提下可进行正式验收。

由若干个建筑安装单位共同承包施工的单项工程，当其中的某一个施工单位所承担的部分工序已按设计要求完成，也可组织正式验收，办理交工手续。分包人应向承包人负责分包工程的质量，承包人应对项目质量和质量保修工作向发包人负责，同时承包人应对分包人的工程质量向发包人承担连带责任，分包人应接受承包人的质量管理，因此，交工时必须请总承包人参加，以便对建筑工程的质量管理。

对于建成的住宅，可分幢进行正式竣工验收，以便及早交付使用，提高经济效益。

②全部竣工验收。全部竣工验收是指整个建设项目已按设计要求全部建设完成，并已符合竣工验收标准，施工单位预验合格，监理工程师初验通过，可由监理工程师组织以建设单位为主，有使用单位、施工单位、设计和勘察单位、质量检验部门参加的正式竣工验收。在对整个工程项目进行全部竣工验收时，对已验收过的单项工程，可以不再进行正式竣工验收和办理移交手续，但应将单项工程验收单作为全部工程验收的附件而加以说明。

（2）正式竣工验收的步骤

①现场检测。参加建筑工程式竣工验收的人员首先到达现场，对拟竣工项目进行现场目测检查，同时逐一核对建筑工程竣工验收所必备的资料，看是否齐全完整。

②召开现场验收会议。现场验收会议由参检各方参加，会议一般由监理主持，会议内容如下：

先由该建筑工程的项目经理介绍工程施工情况、自检情况及竣工情况，出示竣工资料；

监理工程师通报工程监理过程中的主要内容，发表竣工验收意见；

业主根据在现场对竣工项目目测检查中发现的问题，按照合同规定对施工单位提出限期处理的意见；

暂时休会，质量部门、业主以及监理工程师讨论工程正式竣工验收是否合格；

复会，监理工程师宣布竣工验收结果，质检部门宣布工程质量等级；

办理竣工验收签证书；

竣工验收签证书必须由业主单位、承建单位和监理单位三方签字方可生效。

第六节 工程项目质量检验与评定

在工程项目管理过程中，质量评定是项目质量管理的重要内容。它是采用一定方法和手段，以工程技术立法形式，对建筑安装工程的分项工程、分部工程和单位工程的施工质量进行检测，并根据检测结果和国家颁发的现行有关工程项目质量检验评定标准和验收标准评定工程项目的质量等级。通过工程质量评定与验收，对工程项目施工过程的工程质量进行有效控制，并将检验出的"不合格"分项工程与单位工程进行相应处理，使其符合项目质量标准与验收标准。可以把好建筑安装工程的最终产品质量关，为用户提供符合工程质量标准的建筑产品。因此，正确地进行项目施工质量评定，是保证项目施工质量的重要手段。

一、工程质量评定项目划分

一个工程项目的建成，从施工准备开始到竣工验收交付使用，需要经过若干工种的配合施工，每一工种又是由若干工序组成的。为了便于对工程质量进行控制，按照《建筑工程施工质量验收统一标准》（GB50300—2013）的规定，将一个单位工程划分为若干个分部工程，每个分部工程又划分为若干个分项工程。建筑安装工程质量评定以分项工程质量综合鉴定分部工程质量，以各分部工程质量鉴定单位工程质量。

建筑安装工程质量评定包括建筑工程质量评定和建筑安装工程质量评定两部分。

1. 建筑工程的项目划分

（1）分项工程

分项工程一般按主要工种进行划分，如砌砖工程、钢筋工程、混凝土工程、爆破工程等。

（2）分部工程

分部工程是各分项工程的组合，一般按主要部位划分为六大分部工程，即地基与基础工程、主体结构工程、地面与楼面工程、门窗工程、装饰工程和屋面工程，见表6-6。

表6-6 建筑工程分部、分项工程名称

序号	分部工程名称	分项工程名称
1	地基与基础工程	土方、爆破、灰土、砂、砂石和三合土地基、重锤夯实地基、强夯地基、挤密桩地基、振冲地基、打（压）桩、灌注桩、沉井和沉箱、地下连续墙、防水混凝土结构、水泥砂浆防水层卷材防水层、模板、钢筋、混凝土、构件安装、预应力混凝土、砌砖、砌石、钢结构焊接、钢结构螺栓连接、钢结构制作、钢结构安装、钢结构油漆等
2	主体结构工程	模板、钢筋、混凝土、构件安装、预应力混凝土、砌砖、砌石、钢结构焊接、钢结构螺枪连接、钢结构制作、钢结构安装、钢结构油漆、木屋架制作、木屋架安装、屋面木骨架等
3	地面与楼面工程	基层、整体楼板、地面、板块楼面、地面、木质楼板地面等
4	门窗工程	木门窗制作、木门窗安装、钢门窗安装、铝合金门窗安装等
5	装饰工程	一般抹灰、装饰抹灰、清水砖墙勾缝、油漆、刷（喷）浆、玻璃、裱糊、饰面、罩面板及钢木骨架、细木制品、花饰安装等
6	屋面工程	屋面找平层、保温（隔热）层、卷材、油膏嵌缝、涂料屋面、细石混凝土屋面、平瓦屋面、薄钢板屋面、波瓦屋面、水落管等

多层和高层房屋工程中的主体分部工程，应按楼层（段）划分分项工程；单层房屋工程中的主体分部工程，必须按变形缝划分分项工程。其他分部工程的分项工程，可按楼层划分。对一些小型项目，也可不按楼层划分分项工程。

2.建筑设备安装工程项目划分

（1）分项工程

建筑安装工程的分项工程一般按用途、种类及设备组别进行划分，如室内给水管线安装工程、卫生器具安装工程、供热管道安装工程、电力变压器安装工程等。同时，规定各分部工程中的分项工程可按系统、区段进行划分，如采暖卫生与煤气工程的分项工程。按用途不同划分，碳素钢管既有供应冷水、热水、暖气、煤气等之分，又有给水管道、排水管道等之分；按材料种类划分，管道安装有碳素钢管、铸铁钢管、混凝土管道等；按设备组别划分有锅炉安装、锅炉附属设备安装和卫生器具安装等。

（2）分部工程

建筑设备安装工程的分部工程按工种分类划分为四个分部工程，即建筑采暖卫生与煤气工程、建筑电气安装工程、通风与空调工程和电梯安装工程。

建筑设备安装工程分部、分项工程名称见表6-7。

表6-7 建筑设备安装工程分部、分项工程名称

序号	分部工程名称		分项工程名称
1	建筑采暖卫生与煤气工程	室内	给水管道安装、给水管道附件以及卫生器具给水配件安装、给水附属设备安装、排水管道安装、卫生器具安装、采暖管道安装、采暖散热器及太阳能热水器安装、采暖附属设备安装、煤气管道安装、锅炉安装、锅炉附属设备安装、锅炉附件安装等
		室外	给水管道安装、排水管道安装、供热管道安装、煤气管道安装、煤气调压装置安装等
2	建筑电气安装工程		架空线路和杆上电气设备安装，电缆线路，配管及管内穿线，瓷柱及瓷瓶配线，护套线配线，槽板配线，照明配线用钢索，硬母线安装，滑接线和移动式软电缆安装，电力变压器安装低压电器安装，电机的电气检查和接线，蓄电池安装，电气照明器具及配电箱（盘）安装，避雷针（网）及接地装置安装等
3	通风与空调工程		金属风管制作、硬聚氯乙烯风管制作、部件制作、风管及部件安装、空气处理室制作与安装、消声器制作及安装、除尘器制作与安装、风机安装、制冷管道安装、防腐与油漆、风管及设备保温等
4	电梯安装工程		牵引装置组装，导机组装，轿箱、层门组装，电气装置安装，安全保护装置，试运转等

3. 单位工程

（1）独立工程中的单位下程

建筑工程和建筑安装工程共同组成一个单位工程，如一个建筑物、一个构筑物，建筑群中的一栋住宅、一个商店、锅炉房、变电站等均为一个单位工程。

（2）小区建设中的单位工程

在新建或扩建的居住小区或厂房内，室外给水、排水、供热和煤气等分项工程可组成一个单位工程；道路或围墙建筑工程等分部工程也可组成一个单位工程；室外架空线路、电缆线路和电灯安装工程等分部工程也可作为一个单位工程。但在原有居住小区内，增设几排路灯、埋设几根管道或维修几条道路等工程项目就不能视为一个单位工程进行质量评定。

二、建筑工程项目施工质量评定等级

（一）分项工程质量等级评定

1. 分项工程质量评定项目

分项工程质量的评定是分部工程、单位工程质量评定的基础，也是施工过程中质量控制的有效环节，分项工程质量的好坏直接影响建筑工程的质量。因此，对分项工程的质量评定必须按照《建筑工程施工质量验收统一标准》（GB 50300—2013）的规定，将分项工程分为主控项目、一般项目和允许偏差三种。

（1）主控项目

主控项目是指对工程结构安全性和重要使用性有很大影响的工程项目，要求在施工中必须全部满足质量标准的规定。其检验评定的主要内容如下。

①重要材料、成品、半成品、附件的材质和技术性能，检验出厂合格证书和试验数据。

②结构的强度、刚度和稳定性，检查试验报告。

③重要项目的位置、尺寸、关键项目的施工工艺，检查测试记录。

（2）一般项目

一般项目是指对结构的使用安全、使用功能和美观性等有较大影响，但其重要性仅次于保证项目，在施工过程中必须达到基本要求的项目。其检验评定的主要内容如下。

①允许有一定偏差但又不宜纳入允许偏差项目的分项工程，用数据规定"优良"和"合格"的标准。

②对不能确定偏差值而又允许出现一定缺陷的分项工程，则以缺陷的数量确定出"优良"和"合格"的标准。

③采用不同影响部位区别对待的方法划分"优良"和"合格"。

④用程度区别项目的"优良"和"合格"。

（3）允许偏差

允许偏差项目应符合下列规定。

①偏差值有"正""负"要求，应将偏差值明确标明正、负号。例如，基础和墙砌体顶面标高允许偏差为 ±15mm；门口高度允许偏差为 −5mm 或 +15mm。

②偏差值无"正""负"要求，可直接注明数字，不标注符号。例如，清水墙表面平整度为 5mm 等。

③偏差数值要求大于或小于某一数值。例如，砌筑砂浆必须密实饱满，实心砌砖体水平缝的砂浆饱满度不小于80%。

④偏差值要求在一定范围内。例如，木门扇与地面间留缝宽度为 6 ～ 8mm。

⑤采用相对比值确定允许偏差数值。例如，高层框架柱和墙的垂直度必须小于或等于全高的 1/1000，且不大于 30mm 等。

2. 分项工程质量评定等级

分项工程质量等级评定为"优良"和"合格"两个等级。

（1）合格

分项工程合格的标准主要包括以下三方面。

①主控项目必须符合相应质量检验标准的规定。

②一般项目抽检处应符合相应质量检验评定标准的合格规定。

③允许偏差项目抽检的点数中，建筑工程有 70% 及其以上，建筑设备安装工程有80% 及其以上的实测值在相应质量检验评定标准的允许偏差范围内。

（2）优良

分项工程优良的标准主要包括以下三方面。

①主控项目必须符合相应质量检验标准的规定。

②一般项目抽查处（件）应符合相应质量检验评定标准的合格规定。其中，抽查处（件）符合相应质量检验评定标准的优良规定的项目即为优良项目；优良项目数占检验项目数 50% 及其以上。

③允许偏差项目抽检点数中，有 90% 及其以上的实测值在相应质量检验评定标准的允许偏差范围内。

3. 分项工程质量不合格处理规定

若发现不合格的分项工程，应采取对策进行质量持续改进。

（1）项目经理部

项目经理部对不合格控制应符合下列规定。

①应按企业的不合格控制程序控制不合格物资进入项目施工现场，严禁不合格工序未经处置而转入下一道工序。

②对检验中发现的不合格产品和过程，应按规定进行鉴别、标识、记录、隔离和处置。

③应进行不合格评审。

④不合格处置应根据不合格严重程度，按返工、返修或让步接收、降级使用、拒收或报废四种情况进行处理。构成等级质量事故的不合格，应按国家法律、行政法规进行处置。

⑤对返修或返工后的产品，应按规定重新进行检验和试验，应保存记录。

⑥进行不合格让步接收时，项目经理部应向发包人提出书面让步申请，记录不合格程度和返修的情况，双方签字确认让步接收协议和接收标准。

⑦对影响建筑主体结构安全和使用功能的不合格，应邀请发包人代表或监理工程师、设计人，共同确定处理方案，报建设主管部门批准。

⑧检验人员必须按规定保存不合格控制记录。

（2）不合格纠正措施

不合格纠正措施应符合下列规定。

①对发包人或监理工程师、设计人、质量监督部门提出的质量问题应分析原因，制订纠正措施。

②对已发生或潜在的不合格信息，应分析并记录结果。

③对检查发现的质量问题或不合格报告提及的问题，应由项目技术负责人组织有关人员判定不合格程度，制订纠正措施。

④对严重不合格或重大质量事故，必须实施纠正措施。

⑤实施纠正措施的结果应由技术负责人验证并记录；对严重不合格或等级质量事故的纠正措施和实施效果应验证，并应报质量管理层。

⑥项目经理或责任单位应定期评价纠正措施的有效性。

（二）分部工程质量等级评定

1. 分部工程评定项目

分部工程所包含的所有分项工程。

2. 分部工程评定等级

（1）合格

分部工程所含分项工程的质量全部合格。

（2）优良

应满足的规定：分部工程所含分项工程的质量全部合格，并且其中50%及其以上为优良，建筑安装工程中，指定的主要分项工程必须优良。

（三）单位工程质量等级评定

1. 单位工程质量评定项目

①单位工程所包含的全部分部工程。

②单位工程质量保证资料。

③单位工程感观质量。

2. 质量保证资料的核查

在单位工程的验收中，项目经理应配合监理工程师对质量保证资料进行以下几方面的核查：

①质量保证资料是否齐全，内容与标准是否一致；

②质量保证资料是否真实可信；

③对于施工单位送去检验的材料，应审查检验单位有无权威性；

④提供质量保证资料的时间是否与工程进展同步。

3. 观感质量评定

（1）确定检查数量

室内按有代表性的自然间抽查10%（包括附属房间及厅道等），室外和屋面要求全数检查。

室内有代表性的自然间，是指各类做法均能查到的房间；公共建筑的附属房间是指公用房间，如盥洗室、厕所，也包括服务员工作室、储藏室；厅道包括楼道、楼梯间等。住宅建筑的附属房间包括厨房、厕所、过厅等。

检查点或检查房间采用随机抽样的方法，一般应在平面图上勾定房间，按既定房间检查。选点时应照顾到代表面，同时突出重点，如高层建筑跳层检查时，必须包括首层和顶层。

室外与屋面全数检查，采用"分点检查、综合定级"的方法。例如，将室外墙面划分为若干部位，每个部位限定范围，各作为一个检查点。

（2）确定检查项目

检查点的项目按各分部工程质量验收标准确定，根据各部位对工程质量的影响程度，所占工作量或工程量大小等综合考虑和给出了标准分值。

（3）检验评定

按下述方法和步骤进行。

①检查标准：每个检查项目以随机抽取的检查点按"好""一般"给出评价。项目检查点 90% 及其以上达到"好"，其余检查点达到"一般"的应为一档，取 100% 的分值；项目检查点 80% 及其以上达到"好"，但不足 90%，其余检查点达到"一般"的应为二级，取 70% 的分值。

②检查方法：核查分部（子分部）工程质量验收资料。

（4）计算得分率

得分率按下式计算：

$$得分率 = （实得分 / 应得分）\times 100\%$$

应得分就是将所检项目的标准分相加所得出的总分；实得分就是所检项目所得实际分值竖向累加的分数。混凝土结构工程观感质量项目及评分见表 6-8。

表6-8 混凝土结构工程观感质量项目及评分

工程名称			建设单位			
施工单位			评价单位			
序号	检查项目	应得分	判定结果		实得分	备注
			100%	70%		
1	露筋	15				
2	蜂窝	10				
3	孔洞	10				
4	夹渣	10				
5	疏松	10				
6	裂缝	15				
7	连接部位缺陷	15				
8	外形缺陷	10				
9	外表缺陷	5				
	合计得分					

续表

检查结果	观感质量项目分值 10 分。 应得分合计： 实得分合计： 混凝土结构工程观感质量得分 =（实得分合计 / 应得分合计）×10= 　　　　　　　　　　　　　　　评价人员：　　　　　年　月　日

4.单位工程质量评定等级

（1）单位工程质量合格

单位工程质量必须符合下述条件，方能评定等级为合格：

①单位工程所包含的分部工程的质量全部合格；

②质量保证资料应基本齐全；

③观感质量的评定得分率达到 70% 及其以上。

（2）单位工程质量优良

单位工程质量必须符合下述条件，方能评定等级为优良：

①单位工程所包含的分部工程的质量全部合格，其中，有 50% 及其以上优良（建筑工程必须含主体与装饰工程，以建筑设备安装工程为主的单位工程，其指定的分部工程必须优良）；

②质量保证资料应基本齐全；

③观感质量的评定得分率达到 85% 及其以上。

第七章　工程项目可持续施工的安全和环境管理

在工程项目管理中用的 SHE 管理是指健康、安全与环境一体化的管理，分别为 Safety、Health、Environment 的缩写。与 ISO 14000 环境管理体系、ISO 9000 质量体系相比，SHE 管理体系增加了安全的内容。SHE 管理体系旨在建立一种通过系统化的预防管理机制，彻底消除各种事故、环境和职业病隐患，以最大限度减少事故、环境污染和职业病的发生，从而达到改善企业安全、环境与健康业绩的目的。

第一节　工程项目安全生产管理

安全生产管理要贯彻执行"安全第一、预防为主"的方针，工程项目管理机构职能部门和操作工人均需明确安全生产目标，做好各项防护工作，做到经常化、制度化、规范化，坚持既抓生产又抓安全，当生产进度与安全有矛盾时，进度必须让位于安全。为做好对施工现场人、物、环境因素的安全控制，保护劳动者健康与切身利益，避免事故发生，工程项目管理班子需要建立一个完善的安全施工责任制度，具体如图 7-1 所示。

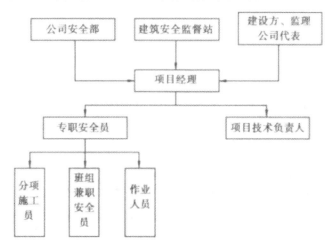

图7-1　安全施工责任制

施工现场安全由建筑施工企业负责。实行施工总承包的，由总承包单位负责；分包单位向总承包单位负责，服从总承包单位对施工现场的安全管理。施工企业应当在施工现场采取维护安全、防范危险、预防火灾等措施，有条件的可以进行封闭管理。

一、工程项目安全生产管理概述

建筑业属于较危险的行业之一，它具有产品固定、作业流动性大、产品体积大、露天作业和高处作业多、施工周期长、劳动条件差、作业强度大、受环境和季节气候影响大等特点，是安全事故的高发行业。工程项目安全管理旨在提高建筑业安全水平，保障从业人员生命财产安全。

（一）安全管理要素

在现场管理过程中，承包商要制订一套安全管理制度，确保安全目标的实现。为使安全计划有效实施，要合理组织，充分落实每位员工的安全责任，采取符合工程项目的安全技术措施，通过安全教育不断提高员工安全素质。要开展标准化、规范化的安全检查和评价活动，对事故隐患要及时有效地控制处理。

1. 安全理念和安全目标

建筑企业领导者心中应当有一个明确的安全目标或思想，它是安全计划的核心，是决定安全计划能否有力落实的关键。同时管理者应该为项目及安全工作建立起一种氛围，只有当安全已成为项目及企业中所有员工心中无时不在的观念，安全目标才能成为一个可接受且能够有效实现的目标。

2. 安全计划

在项目开工前，承包商应编制项目安全保证计划，具体包括工程概况、控制程序、控制目标、组织结构、职责权限、规章制度、资源配置、安全措施、检查评价、奖惩制度等。对结构复杂、施工难度大、专业性强的项目，除制订项目安全技术总体安全保证计划外，还必须制订单位工程或分部、分项工程的安全施工措施。对专业性强的施工作业、特殊工种的作业，应制订单项安全技术方案和措施。

3. 安全生产责任制

安全生产责任制是最主要的安全管理制度。它是根据"管生产必须管安全"，"安全工作，人人有责"的原则，以制度的形式明确规定各级领导和各类人员在生产活动中应负的安全职责。各项规章制度必须建立在安全生产责任制的基础上，通过安全生产责任制的落实去保证其他各种规章制度的贯彻执行。同时，它可以激发管理人员和职工人员安全生产的积极性。只有人人都有安全责任，人人安全操作，才能落实安全计划。

4. 安全技术法规

我国已建立建筑安全生产法律体系和建筑安全技术标准体系，颁布了《工程建设重大事故报告和调查程序规定》《建筑安全生产监督管理规定》等部门规章，《施工企业安全生产评价标准》（JGJ/T 77—2010）、《建筑施工安全检查标准》（JGJ 59—2011）、

《建筑施工高处作业安全技术规范》（JGJ 46—2005）等建筑安全技术标准和规范，《中华人民共和国建筑法》（1998 年 3 月 1 日施行）、《中华人民共和国标准化法》（1998年 9 月 1 日施行）等法律以及国务院《建筑安装工程安全技术规程》、国务院第 75 号《企业职工伤亡事故报告和处理规定》（1995 年 5 月 1 日施行）、国务院《建设工程安全管理条例》（2004 年 2 月 1 日）等法规。一些重要技术规范被列为强制性条文，必须严格执行。这些法规体系和标准体系对工程项目施工过程中各环节的安全生产管理都起到积极的指导和规范作用。

5. 安全技术措施

所有建筑工程施工都必须要有施工安全技术措施，它是施工组织设计的重要内容之一。主要针对施工过程中存在的不利条件和不安全因素进行预先分析，从而制订技术和管理措施，控制和消除隐患，防止事故发生。

安全技术措施的编制要针对项目工程的施工特点、场地环境、施工条件、施工方法、施工机械等条件进行预先分析，制订对策，同时还要对施工中可能的有毒、易爆、易燃作业和材料以及构件运输等进行考虑。还要对脚手架搭接、高空作业、设备拆装、模板工程、起重吊装作业等专业性强的项目应当单独编制专项安全技术措施。此外，防火、防灾害、防高空坠落、环境污染等方面以及专业工种（木工、混凝土工、机械工、起重工等）的安全操作规程都应编制安全技术措施。

6. 安全培训

安全培训是安全计划的核心内容之一，它是让所有现场人员都明确安全计划和掌握安全生产知识的前提和保障。

企业需要针对不同层次的施工人员开展安全培训教育，对刚进入企业的新工人必须接受三级安全教育，即公司、项目、班组三级安全培训教育，经考核合格后，方能上岗。对容易发生人员伤亡的事故的操作，对操作本人、他人及周围设施安全有重大危害的特种作业人员（如电工、焊工等）还必须进行专业技术教育和实际操作训练，经考核合格后持证上岗。此外，企业还应经常性地把安全教育贯穿于管理工作的全过程。比如，在工地入口处悬挂安全纪律牌、进行安全广播、举办安全报告、针对季节与节假日开展实施安全教育等。

7. 安全检查

安全检查主要有上级检查、定期检查、专业性检查、经常性检查、季节性检查及自行检查等形式，以及项目经理部在施工过程中组织定期的和不定期的安全检查，施工班组每日进行的班前安全检查等。安全检查的内容包括各级人员安全施工规章制度的落实和现场安全措施的落实两大方面。规章制度主要指安全生产责任制、教育制度、检查制度，现场安全检查的重点是现场劳动条件、生产设备、现场管理等。对检查中发现的隐患应进行登记，发出隐患整改通知单，对于违章指挥、作业，检查人员可当场指出，进行纠正。被检单位对查出的隐患，应立即研究整改方案，按照"定人、定期限、定措施"的三定原则，进行整改，之后及时通知有关部门进行复查，复查合格后进行销案。

8. 事故处理

伤亡事故指职工在劳动过程中发生的人身伤害、急性中毒事故。建设施工过程中发生伤亡事故的，施工单位应当在规定期限内向劳动行政部门、公安部门、检察机关、工会以及市、区、县建设行政管理部门报告。同时，做好现场勘查、事故调查处理、事故总结，写出调查报告，报送上级主管部门。

9. 工程保险

工程保险属于风险管理的风险转移措施，由于施工项目劳动条件差、高空作业多等，投保相应险种，在自然灾害或意外事故时，能够减少参保者的财产和人身损失。

10. 安全业绩评价

在企业中进行分级安全评价，将安全业绩指标的考核与奖励挂钩，对完成不佳的部门或个人进行惩罚。此外，通过安全业绩评价，还能促使有安全违纪行为的员工及时纠正失误，减少不安全生产行为。

（二）安全管理基本原则

我国现行的安全生产管理体制为"企业负责、行业管理、国家监察、群众监督和劳动者遵章守纪"。"企业负责"是指企业在其经营活动中必须对企业的安全生产负全面责任；"行业管理"指各行业主管部门对用人单位的劳动保护工作应加强指导，充分发挥行业主管部门对本行业劳动保护工作的管理作用；"国家监察"是指各级政府部门对用人单位遵循劳动保护法律、法规的情况实施监督检查，并对用人单位违反劳动法律、法规的行为实施行政处罚；"群众监督"规定工会依法对用人单位劳动保护工作实施监督，劳动者对违反劳动保护法律、法规和危及生命及身体健康的行为，有权提出批评、检举和控告；"劳动者遵章守纪"指安全生产目标的实现根本取决于广大劳动者素质的提高，取决于劳动者能否自觉履行好自己的安全生产法律责任。

工程项目安全管理是建筑业安全管理系统的关键，它是在施工过程中，运用科学管理的理论、方法，通过法规、技术、组织等手段，使人、物、环境构成的施工生产体系达到最佳状态，实现安全目标所进行的一系列活动的总称。为了有效地进行安全管理与控制，应遵循以下5条基本原则。

1. 安全管理法制化

要依靠国家以及有关部委制定的安全生产法律文件，对工程项目进行管理。加强对建筑施工管理人员和广大职工的安全法律教育，增强法制观念，做到知法守法、安全生产。对违反安全生产法律的单位和个人要视责任大小给予处罚，直至追究刑事责任，依法处理。

2. 安全管理制度化

建立健全各种安全管理规章制度和规定，实行安全管理责任制，以对项目建设过程中各种安全因素进行有效控制，预防和减少安全事故。

3. 安全管理科学化

加强对安全管理方法和手段的科学研究，使生产技术和安全管理技术协调同步发展，学习在变化的生产活动中不断消除新的危险因素，不断总结提高企业的安全管理水平。

4. 贯彻"预防为主"的方针

"安全第一，预防为主"是安全工作的基本方针，但关键是应将"预防为主"放在首位，才能将事故消除在发生之前。贯彻"预防为主"要端正对生产中不安全因素的认识和态度，选准消除不安全因素的时机。

5. 全员参与安全管理

安全管理的核心是企业内各个管理层次的人员对安全工作要有统一的认识、态度，要具有安全管理能力并实际履行安全职责。项目中的工人、班组长、安全员、项目经理及公司高级人员在安全管理中必须良好合作，共同履行各自的安全职责。同时，与工程建设有关各方，包括承包商、分包商、业主和设计人员等都应有各自的安全责任。

二、施工现场安全生产保证体系

安全生产保障体系是以安全生产为目的，有确定的组织结构形式，明确的活动内容，配备有必需的人员、资金、设施和设备，按规定的技术要求和方法开展安全管理工作的工作体系。

历年来重大伤亡事故分析表明，事故原因多为安全管理方面存在缺陷。因此，为规范和强化建筑企业安全管理行为，推行施工现场安全生产保障体系成为一种有效途径。

（一）安全体系的结构

工程项目安全管理重点在现场，因此应保证体系必须为实现现场的安全与健康管理提供系统的管理过程。根据施工现场安全生产各项管理活动的内在联系和运行规律，归纳出一系列体系要素，包括安全职责、安全生产保障体系、采购、分包方的控制、施工现场安全控制检查、事故隐患控制、纠正和预防措施、教育和培训、安全记录、内部安全体系审核。这些体系要素建立在"计划、实施、检查、处理"诸环节构成的 PDCA 动态循环过程。

（二）安全生产保证体系实施

建立实施施工现场安全生产保证体系一般分为策划准备、文件化和运行 3 个阶段。

安全策划是要针对工程项目建设的特点，结合业主提供的技术性资料，对项目建设过程中与安全有关的因素进行全面综合考虑。安全策划包括安全检查次数的确定、作业安全技术措施、季节性措施、难点特殊项目的安全技术保证措施、技术交底制度、危险地带安全防护、安全记录准备等。

根据安全策划结果编制安全保证计划，形成安全体系文件。体系文件按分工不同，由归口负责部门制订，先提出草案再组织审核。

按照规定的安全体系要素，逐个开展各项安全活动，将安全职责分配落实到各个职能部门和个人。

（三）安全检查和安全记录

项目部应对施工过程、行为及设施进行检查、检验，以确保各方面符合安全要求。对事故进行分析处理，如停止使用、封存等；对有不安全行为的人员进行教育或处罚，对不安全生产的过程重新组织等；对安全设施所需的材料、设备及防护用品进行进货检验后方能使用等。

安全记录是进行统计、总结经验、研究安全措施的依据，也是对安全工作的监督和检查。工程项目部应建立证明安全生产保障体系运行必需的安全记录，包括相关的台账、报表、原始记录等。记录的内容有安全教育记录、安全会议记录、安全组织状况、安全措施登记、安全检查记录、事故调查、分析处理记录、奖惩记录等。记录应当及时完整，一直延续到工程项目竣工。

三、建设工程安全生产责任制

《建设工程安全生产管理条例》规定了施工现场参与各方的安全责任。各方必须遵守安全生产法律、法规的规定，保证建设工程安全生产，依法承担建设工程安全生产责任。

（一）建设单位的安全职责

①建设单位应向施工单位提供施工现场及毗邻区域内供水、排水、供电、供气、供热、通信、广播电视等地下管线资料，气象水文观察资料，相邻建筑物和构筑物、地下工程的有关资料，并保证资料的真实、准确、完整。

②建设单位不得对勘察、设计、施工、工程监理等单位提出不符合建设工程安全生产法律、法规和强制性标准的要求，不得压缩合同约定的工期。

③建设单位在编制工程预算时，应当确定建设工程安全作业环境和安全施工措施所需的费用。

④建设单位不得明示或暗示施工单位购买、租赁、使用不符合安全施工要求的安全防护工具、机械设备、施工机具及配件、消防设施和器材。

⑤建设单位在申请领取施工许可证时，应当提供建设工程有关安全施工措施的资料。

⑥建设单位应当将拆除工程发包给具有相应资质等级的施工单位。

（二）勘察、设计、工程监理及其他有关单位安全责任

①勘察单位应当按照法律、法规和工程建设强制性标准进行勘察，提供的勘察文件应当真实、准确，满足建设工程安全生产的需要。

②设计单位应当按照法律、法规和工程建设强制性标准进行设计，防止因设计不合理导致生产安全事故的发生。在设计文件中应注明设计施工安全的重点部位，对采用新工艺、材料的工程，在设计文件中提出安全保障措施。

③监理单位应当审查施工组织设计的安全技术措施或者专项施工方案是否符合工程建设的强制性标准，工程监理单位在实施监理过程中，发现存在安全事故隐患的应当要求施工单位整改，情况严重的应当要求施工单位暂时停止施工，并及时报告业主单位。施工单位拒不整改或者不暂停施工的，工程监理单位应当及时向有关主管部门报告。工程监理单位和监理工程师应当按照法律、法规和工程建设强制性标准实施监理，并对建设工程的安全施工事故承担监理责任。

④为建设工程提供机械设备和配件的单位应当按照安全施工的要求配备齐全有效的保险、限位等安全设施和装置（如塔吊、提升机械、电氧焊、金属切割、木工刨床、圆盘锯、挖掘机、装载机等特种设备及工程机械）。

⑤出租的机械设备和施工机具及配件，应当具有生产制造许可证、产品出厂检验合格证、特种设备使用许可证。出租单位应当对出租的机械设备和施工机具及配件的安全性能进行检测检验。在签订租赁合同协议时，应当出具检测检验合格证件，禁止出租检测不合格的机械设备和施工机具及配件。

⑥在施工现场安装、拆卸施工起重机械和合体提升脚手架、模板自升式架设设施，必须由具有相应资质的单位承担安装、拆卸施工起重机械和合体提升脚手架、模板自升式架设设施。应当编制拆装方案、制订安全施工措施，并由专业技术人员现场监督，安装完毕后，安装单位自检，出具自检合格证明，并向施工单位进行安全使用说明，办理验收手续并签名。

⑦施工起重机机械和合体提升脚手架等高危设施的使用达到国家规定的检测检验期限的，必须经过具有专业资质的检验检测机构检测，经检测不合格的，严禁继续使用。

⑧检验检测机构对检验合格的施工起重机械和整体提升脚手架、模板自升式架设设备，应当出具合格证明文件，并对检测检验结果负责。

（三）施工单位的安全责任

①施工单位从事建设工程的新建、扩建、改建和拆除等活动，应当具备国家规定的注册资本、专业技术人员、技术设备和安全生产等条件，应在其资质等级的许可范围内承揽工程。

②施工单位主要负责人依法对本单位的安全、消防工作全面负责。施工单位应当建立健全施工安全责任制度和教育培训制度，制订安全生产规章制度和操作规程。保证本单位

安全施工条件所需资金的投入，对能承担的建设工程进行定期和专项安全、消防检查，并做好安全检查记录。

③施工单位项目负责人应当由取得相应执业资格的人担任。对安全施工负责，落实安全管理层层责任制，确保施工安全费用的有效使用，并根据工程特点制订相应的安全施工措施，消除施工过程中的一切安全和消防隐患，及时如实向建设单位报告施工安全事故。

④施工单位对列入建设工程概算的安全作业环境及安全施工所需费用，应当用于施工安全防护用具及设施的采购和更新、安全施工措施的落实、安全生产条件的改善，不得挪作他用。

⑤建设实行总承包的，由总承包单位对施工现场的安全生产工作负总责。总包单位将建设工程分包给其他单位（或个人），分包合同中应当明确各自的安全责任、权利和义务。总包单位和分包单位（或个人）对分包工程的安全承担连带责任，分包单位（或个人）应当服从总包单位的施工安全管理，分包单位（或个人）不服从管理，导致施工安全事故的，由分包单位（或个人）承担主要责任。

⑥施工单位应当建立安全施工管理机构，配备专职安全生产人员，专职安全员负责对施工现场监督、检查，发现安全事故隐患，应及时向项目负责人和安全管理机构报告，对违章操作、违章指挥的人员，应当立即制止并行使处罚。

⑦建设工程施工前，施工单位负责项目管理的技术人员应当向施工作业班组详细说明对有关安全施工的技术要求，并与班组负责人、班组安全负责人与全体施工人员签订施工安全承诺书。

⑧施工单位应当在施工现场入口处、施工起重机械活动臂的范围内、临时用电设施、脚手架、出入通道、梁柱口、基坑边沿、易燃易爆、有毒物品堆放处等高危地区设置安全围栏、围墙、警示标语、标牌等符合国家标准的标志。

⑨施工单位应当将施工现场的办公、生活区与作业区分开设置，并保证足够的安全间距，办公、生活区的选址应符合安全性要求，职工膳食、饮水、休息场所等应符合卫生标准，施工单位不得在未竣工的建筑物内设置职工的住宿及生活，施工现场使用的活动式房屋应当具有产品合格证。

⑩施工单位因建设工程的施工可能造成相邻建筑物、设施、地下管线及空中线缆损害的，应当采取积极有效的转移或防护措施，若造成损失，一概由施工单位承担责任。

⑪施工单位应当在施工现场建立消防安全管理制度，确定消防安全责任人，制订用火、用电及使用易燃、易爆物品等各项消防安全管理制度及操作规程，设置消防通道、消防水源，配备足够、有效的消防器材并在施工现场入口设置明显的标志。

⑫施工单位应该采购符合安全规定的合格防护用品、用具、机械设备、施工机具及配件，具有生产制造许可证、产品出厂合格证、质量检验报告书，施工单位安全员有责任对

以上用品用具及器材进行安全检查，合格后方可进入使用程序，并书面告知每个危险岗位的操作规程及违章操作的危害。

⑬施工现场的安全防护用品、用具、特种机械设备、施工机具必须由专人管理，定期检查、维修和保养，建立相应的检修记录档案，每一期的安全检修记录必须有项目经理及安全员的签名。

⑭施工单位的主要负责人、项目经理、现场技术负责人、专职安全员应当经建设行政主管部门考试合格后方可任职。作业人员进入新的岗位和新的施工现场前，应接受安全施工教育，未经教育培训或者教育培训不合格的人员不得上岗作业。

⑮施工单位应当为施工现场从事危险作业的人员办理意外伤害保险，保险费由施工单位支付，期限自建设工程开工之日起至竣工验收合格止。

四、工程项目安全技术措施

施工安全技术措施是指对工程施工中各分部、分项工程的施工特点编制，如对事故多发方面的高处坠落、触电、物体打击、机械伤害、坍塌等进行的技术预防措施。它必须符合国家颁发的施工安全法规规范和标准，在组织实施过程中要严格进行技术交底表 7-1 为不同安全控制阶段的控制要点。

表7-1　不同阶段的安全控制要点

控制过程	控制环节		控制要点	责任人	控制内容	控制依据	控制记录
施工准备阶段	一	设计交底图纸会审	1	设计安全交底	项目安全负责人	了解设计意图提出不安全因素	设计图及技术文件	设计交底记录文件
			2	图纸会审	项目安全负责人	对提出的不安全因素定性	施工阶段图纸及技术文件	会审记录
	二	制订施工工艺文件	3	安全管理方案	项目安全负责人	按企业标准要求编制并进行会审	安全管理体系文件	批准的安全管理方案
			4	专题施工方法	项目安全负责人	组织审批	符合安全要求	批准的专题施工方案
施工准备阶段	三	施工设备	5	施工设备验收使用	项目安全负责人	审核设备质保书清查数量	符合安全要求	验收及运输记录
	四	安全交底	6	安全总交底和分专业交底	项目安全负责人/项目经理	组织	施工图验收规范安全标准	安全交底

控制过程	控制环节		控制要点		责任人	控制内容	控制依据	控制记录
施工阶段	五	基础工程	7	基坑稳定	专业工程师	地质情况边坡稳定	验收规范	验收记录
	六	主体工程	8	四口防护	专业工程师	搭设及封闭情况	安全交底	安全记录
			9	脚手架及安全网	专业工程师	搭设及封闭情况	安全交底	安全记录
装饰及安装阶段	七	装饰工程	10	装饰材料	专业工程师	检验材料的防火性	验收规范	试验记录
	八	电动机械	11	电机防触电	专业工程师	检查绝缘及接零接地	验收规范	安全记录

施工准备阶段的安全技术措施包括：编制切实可行的安全技术措施、及时供应质量合格的安全防护用品、进行施工机具、设备的安全技术性能检测、现场各种临时设施、库房布置易燃品存放复合安全预防要求、特种工人岗位培训后持证上岗。施工阶段的安全技术措施有：单项、单位工程均有安全技术措施，分部分项工程有技术安全具体措施；安全技术和生产技术的统一，各项安全技术措施应在相应的工序施工前完成；操作者严格遵守操作规程实行标准化作业；针对新工艺、新技术、新设备、新结构制订专门的施工安全措施；预防自然灾害、特殊工程、特殊作业的专业技术措施；等。

（一）基础作业安全技术措施

①夜间施工时设足够的灯光照明。

②机械挖土的工作范围内禁止闲人通行或进行其他工作。

③基坑应设安全斜道，以保证上下班人员安全。

④基坑余土堆应距基坑边沿 1m 以上。

⑤使用电动打夯机时，应有专人护线，操作人员戴好绝缘手套，配电箱应放置在安全地点。

⑥运输车辆装料不可太满，要匀速行驶，不可猛跑猛拐。

⑦施工运输道路应保持平整、畅通，通道搭设应符合操作规程，要求坚固、稳定、安全可靠。

⑧回填土方时，应先检查边壁是否安全牢靠，用小车推土时，不得撒把。

⑨混凝土振捣操作人员要穿绝缘胶鞋戴绝缘手套，电线不得拉挂在钢管、钢模上。

⑩砌好的砖墙要有防水措施，以免雨水冲击砂浆，致使砌体坍塌。

⑪砖石及其他材料应在基坑边 1m 外堆放。

⑫基础施工阶段应有防雨措施备用抽水泵等。

（二）高处作业施工安全技术措施

①高处作业中的安全标志、工具、仪表、电气设备和各设备，必须在施工前加以检查，确认其完好，方能投入使用。

②从事高处作业人员必须定期进行身体检查，诊断患有心脏病、贫血病、高（低）血压病癫痫病、恐高症及其他不适宜高处作业的疾病的作业人员，不得从事高处作业。

③高处作业人员衣着要灵便。禁止赤脚，穿硬底鞋、高跟鞋、带钉易滑鞋、拖鞋及赤膊裸身从事高处作业。

④严禁酒后高处作业。

⑤高处作业人员必须按规定正确使用合格的安全帽、安全带、安全网等防护用品，并定期进行检查认定。

⑥高处作业应配置对讲机或规定旗语、哨音作为上下联系信号，并有专人负责。禁止多人乱喊，以免误操作发生事故。

⑦悬空、攀登高处作业的人员，必须胸有成竹，经专门培训、考试，发给特种作业人员操作证，并经体检合格后，方可从事高处作业。

⑧高处作业场所有可能坠落的物体，应一律给予固定或拆除。所有材料均应安放平稳，并不得妨碍装卸和通行。工具使用后应随手放入工具袋内。传递工具、零件、材料时，禁止抛掷。拆卸下来的材料及零料、废料，应及时清理运走。

⑨高处作业的高耸建筑，事先应安装避雷针，避免雷击发生。遇有 6 级（含 6 级）以上强风浓雾等恶劣天气，不得进行露天悬空的攀登及高处作业。不得已需要进行雨天高处作业时，必须有可靠的安全防护措施。

⑩所有安全防护设施和安全标志等不得损坏或擅自移动和拆除。如因作业需要拆除、移动安全防护设施和安全标志时，必须经现场施工负责人同意并采取措施后，方可拆除。事后，应及时恢复。

⑪在白天或夜间施工的高处作业场所，当光线较差时，应加强照明，并有足够的照度。当夜间地面照度不足 5lx 时，禁止作业。

⑫施工中，对高处作业的安全防护设施发现有缺陷或隐患时，必须立即报告，及时解决。危及人身安全时，必须立即停止作业。

（三）施工机械作业安全技术措施

①各种机械操作人员和车辆驾驶员，必须取得操作合格证，不准操作与证不相符的机械，不准将机械设备交给无本机操作证的人员操作，对机械操作人员要建立档案，专人管理。

②操作人员必须按照本机说明书规定，严格执行工作前的检查制度和工作中注意观察及工作后的检查保养制度。

③驾驶室或操作室应保持整洁，严禁存放易燃、易爆物品，严禁酒后操作机械，严禁机械带病运转或超负荷运转。

④机械设备在施工现场停放时，应选择安全的停放地点，夜间应有专人看管。

⑤用手柄启动的机械应注意手柄倒转伤人。向机械加油时要严禁烟火。

⑥严禁对运转中的机械设备进行维修、保养、调整等作业。

⑦指挥施工机械作业人员，必须站在可让人瞭望的安全地点并应明确规定指挥联络信号。

⑧使用钢丝绳的机械，在运行中严禁用手套或其他物件接触钢丝绳。用钢丝绳拖拉机械或重物时，人员应远离钢丝绳。

⑨定期组织机电设备、车辆安全大检查，对检查中查出的安全问题，按照"三不放过"的原则进行调查处理，制订防范措施，防止机械事故的发生。

⑩操作人员应严格执行指挥人员的信号，在进行各项动作前，应鸣声示意。

⑪6级以上大风或大雨、大雪、大雾等恶劣天气时，应停止起重机露天作业。

（四）现场临时用电安全技术措施

①严格按照JGJ46—2005规范要求，施工现场配电采用接零保护系统，中性线和保护线分开，配电线路按规定架设，架空线路采用绝缘铜线，用电设备采用三级配电，两级漏电保护所有机电设备要做好接零接地保护，传动部位要设安全防护罩。

②动力与照明电箱分别设置，总配电箱靠近电源的，分配电箱设在用电设备相对集中的地区，配电系统实行分级配电。

③夜间作业配置足够的灯具，确保视觉状态良好。配电箱、开关箱装设牢固、端正。移动式配电箱、开关箱，装设在牢固的支架上。固定式配电箱、开关下底与地面距离大于1.3m、小于1.5m；移动式配电箱、开关箱与地面的距离大于0.6m、小于1.5m。下进下出，并设防水弯，所有配电箱门均配锁，防护措施符合要求，专人负责，配电箱应做好接零保护。

④电源线路及电器设备等均由专人负责。场内所有的配电箱、开关箱除专业电工外任何人不得随意打开，建立完善的用电制度，做好工程上所有机械设备和照明的用电记录，建立用电档案。

（五）模板工安全技术措施

①模板支撑不得使用腐朽、扭裂、劈裂的材料。顶撑要垂直，底端平整坚实，并加垫木，木楔要钉牢。

②采用桁架支模严格检查，发现严重变形、螺形松动等及时采取修复。

③支模按工序进行，模板没有固定前，不得进行下一道工序。禁止利用拉杆、支撑攀登上下。

④拆除模板经施工技术人员同意。操作时按顺序分段进行，严禁猛撬、硬砸或大面积撬落和拉倒。完工前，不得留下松动和悬挂的模板。拆下的模板及时运送到指定地点集中堆放，防止钉子扎脚。

（六）雨季施工安全技术措施

①开工前与当地气象部门签订服务合同，及时掌握天气预报的气象趋势及动态，定期提供旬、月气象预报，以此安排月度施工计划；并注意邻近 3 天天气预报，以此安排日施工计划，并同时做好预防的准备工作。

②成立防洪、防台风领导小组，明确责任，落实到人头。

③坚持防洪、防台风值班制度。遇有险情及时组织力量抢修，并及时向上级报告。

④根据地形对场地排水系统进行疏通，以保证水流畅通不积水，并防止周邻地面水倒流进入场内。

⑤机电设备的电闸箱或开关采取进盒和搭篷等防雨、防潮措施，并安装接地保护装置。

⑥雨中灌筑混凝土时，快速测定粗、细骨料的含水量，根据含水量的大小，及时调整混凝土的施工配合比，确保水灰比的正确性。同时对正在灌筑的部位或已被灌筑混凝土未初凝的部位，用防水材料遮挡或覆盖。

⑦水泥库及混凝土搅拌场所的挡雨设备应完善，防止雨水飘入而影响施工质量。

⑧备足覆盖材料，保证已喷脱模剂的模型板和浇灌混凝土不被雨水冲刷。

⑨在填方坡脚以外挖掘排水沟，保持场地不积水。

⑩选用透水性好的、符合要求的填料分层填筑。每一层的表面做成 2% ～ 4% 的排水横坡，当天填筑的土层应当天完成压实。

⑪边坡及时夯拍密实，防止塌方和冲刷，避免造成水土流失和环境的污染。

⑫雨天过后基层土过湿，所填土含水量过大，应采取翻晒换填，掺拌生石灰等措施进行处理，防止填土出现填土过湿碾压不密实现象。

⑬对未安排跨雨季施工的基础工程，在人力、物资和机械设备上保证在雨季来临之前施工至不受雨季影响的部位或完成施工。

⑭基坑设置排水沟和集水坑，配以抽水机将积水排到基坑以外。

⑮现场备足覆盖材料，以保证砌好的建筑物不受雨水冲刷。

五、工程项目安全事故发生的原因及处理

伤亡事故是职工在劳动过程中由于企业设备和设施不安全、劳动条件和作业环境不良、管理不善或被企业领导指派到企业外从事企业活动过程中，所发生的人身伤害（轻伤、重伤、死亡）或急性中毒事故。

（一）建筑工程的危险源

1.危险源的基本概念

危险源是指可能导致人员伤害或疾病、物质财产损失、工作环境破坏的情况或这些情况组合的根源或状态的因素。危险因素与危害因素同属于危险源。危险源辨识就是从组织的活动中识别出可能造成人员伤害或疾病、财产损失、环境破坏的危险或危害因素，并判定其可能导致的事故类别和导致事故发生的直接原因的过程。危险源辨识的方法很多，常用的方法有现场调查法、工作任务分析法、安全检查表法、危险与可操作性研究法、事件树分析法和故障树分析法等。

根据危险源在安全事故发生发展过程中的机理，一般把危险源划分为两大类。

第一类危险源：根据能量意外释放论，事故是能量或危险物质的意外释放，作用于人体的过量的能量或干扰人体与外界能量交换的危险物质是造成人员伤害的直接原因。于是，把系统中存在的、可能发生意外释放的能量或危险物质称作第一类危险源。

第二类危险源：在生产和生活中，为了利用能量，让能量按照人们的意图在系统中流动、转换和做功，必须采取措施约束、限制能量，即必须控制危险源，防止能量意外释放。在许多因素的复杂作用下，约束、限制能量的控制措施可能失效，能量屏蔽可能被破坏而发生事故。

导致约束、限制能量措施失效或破坏的各种不安全因素称为第二类危险源。

2.安全事故的主要诱因

（1）人的不安全行为

人的不安全行为主要包括身体缺陷、错误行为、违纪违章等。

（2）物的不安全状态

物的不安全状态主要包括设备、装置的缺陷、作业场所缺陷、物质与环境的危险源等。

（3）环境的不利因素

现场布置杂乱无序、视线不畅、沟渠纵横、交通阻塞、材料工器具乱堆乱放、机械无防护装置、电器无漏电保护、粉尘飞扬、噪声刺耳等使劳动者生理、心理难以承受，则必然诱发安全事故。

（4）管理上的缺陷

对物的管理失误，包括技术、设计、结构上有缺陷、作业现场环境有缺陷、防护用品有缺陷等；对人的管理失误，包括教育、培训、指示和对作业人员的安排等方面的缺陷；管理工作的失误，包括对作业程序、操作规程、工艺过程的管理失误以及对采购、安全监控、事故防范措施的管理失误。

（二）安全事故的分类和等级

1. 事故原因分类

综合《企业职工伤亡事故月（年）报表》和《企业职工伤亡事故分类标准》（GB 6441—1986）所列与建筑业相关的造成职工伤亡事故的方式分为以下 13 种：

①物体打击，如落物、滚石、锤击、碎裂、崩倒、砸伤等伤害，但不包括因爆炸引起的物体打击；

②提升和车辆伤害，如机动车辆在行驶中发生的挤、压、撞以及倾覆事故及车辆行驶中上、下车和提升运输中的伤害等；

③机械伤害，如机械零部件、工件飞出伤人，切屑伤人，人的肌体或身体被旋转机械卷入，脸、手或其他部位被刀具碰伤等。

④起重伤害，如在起重作业中，脱钩砸人，移动吊物撞人，钢丝绳断裂抽人，安装或使用过程中倾覆事故以及起重设备本身有缺陷等。

⑤触电（包括雷击）伤害，如人体接触裸露的临时线或接触带电设备的金属外壳，触摸漏电的手持电动工具，以及触电后坠落和雷击等事故。

⑥淹溺，如船舶在运输航行、停泊作业和在水上从事各种作业时发生的落水事故以及在水下施工作业发生的淹溺事故。

⑦灼烫，如火焰引起的烧伤、高温物体引起的烫伤、强酸碱引起灼伤、放射线引起的皮肤损伤等。

⑧火灾，如火灾发生时造成的人体烧伤、窒息、中毒等。

⑨高处坠落，如从各种架子、平台、陡壁、梯子等高于地面的位置坠落或由地面踏空坠入坑洞、沟以及漏斗内的伤害事故等。

⑩坍塌，如因设计、施工不合理造成的倒塌以及土方、岩石发生的塌陷事故等。

⑪火药爆炸，如施工所用火药储存、储藏等过程中发生的爆炸事故等。

⑫中毒和窒息，如煤气、油气、沥青、化学、一氧化碳中毒等；窒息指在坑道、深井、涵洞、管道、发酵池等通风不良处作业，由于缺氧造成的窒息事故。

⑬其他伤害，如扭伤、跌伤、冻伤、钉子扎伤、野兽咬伤等。

根据对全国伤亡事故的调查统计分析，建筑业伤亡事故率仅次于矿山行业。其中高处坠落、物体打击、机械伤害、触电、坍塌事故为建筑业最常发生的 5 种事故，近几年来已占到事故总数的 80% 以上，应重点加以防范。

安全事故造成的伤害程度分为轻伤、重伤和死亡 3 个程度：

①轻伤，指损失 1 个工作日至 105 个工作日的失能伤害；

②重伤，指损失工作日等于和超过 105 个工作日的失能伤害，重伤的损失工作日最多不超过 6000 工日；

③死亡，指损失工作日超过 6000 个工作日。

2. 事故等级划分

按照 2007 年 3 月 28 日国务院第 172 次常务会议通过的《生产安全事故报告和调查处理条例》，生产安全事故造成的人员伤亡或直接经济损失可以对事故进行等级划分：

①特别重大事故，是指造成 30 人以上死亡，或者 100 人以上重伤（包括急性工业中毒，下同），或者 1 亿元以上直接经济损失的事故；

②重大事故，是指造成 10 人以上 30 人以下死亡，或者 50 人以上 100 人以下重伤，或者 5000 万元以上 1 亿元以下直接经济损失的事故；

③较大事故，是指造成 3 人以上 10 人以下死亡，或者 10 人以上 50 人以下重伤，或者 1000 万元以上 5000 万元以下直接经济损失的事故；

④一般事故，是指造成 3 人以下死亡，或者 10 人以下重伤，或者 1000 万元以下 100 万元以上直接经济损失的事故。

本等级划分所称的"以上"包括本数，所称的"以下"不包括本数。

（三）安全事故处理

1. 生产安全事故报告和调查处理原则

安全事故处理必须坚持"事故原因不清楚不放过，事故责任者和员工没有受到教育不放过，事故责任者没有处理不放过，没有制订防范措施不放过"的"四不放过"的原则。

2. 安全事故处理应当按照以下程序

（1）报告安全事故

安全事故发生后，受伤者或最先发现事故的人员应立即用最快的传递手段，将发生事故的时间、地点、伤亡人数、事故的原因等，上报至企业安全主管部门。企业安全主管部门视事故造成的伤亡人数或直接经济损失情况，按规定向政府主管部门报告。

（2）事故处理

抢救伤员、排除险情、防止事故蔓延过大，做好标识，保护好现场。

（3）事故调查

项目经理应指定技术、安全、质量等部门的人员，会同工会代表组成调查组，开展调查。

（4）写出事故调查报告

调查组应把事故发生的经过、原因、性质、损失责任、处理意见、纠正和预防措施撰写调查报告，并经调查组全体人员签字确认后报企业安全主管部门。

（5）事故审理和结案

查明事故原因，并提交事故调查报告后，应经当地有关审批权限机关审批后方能结案。事故责任者应视事故情节轻重、损失大小、责任轻重加以区分，给予处理。事故资料应专案存档。

3. 事故报告

（1）事故报告的要求

事故报告应当及时、准确、完整，任何单位和个人对事故不得迟报、漏报、谎报或瞒报。施工单位事故报告要求生产安全事故发生后，受伤者或最先发现事故的人员应立即用最快的传递手段，将发生事故的时间、地点、伤亡人数、事故原因等情况，向施工单位负责人报告；施工单位负责人接到报告后，应当在 1h 内向事故发生地县级以上人民政府建设主管部门和有关部门报告。实行施工总承包的建设工程，由总承包单位负责上报事故。情况紧急时，事故现场有关人员可以直接向事故发生地县级以上人民政府建设主管部门和有关部门报告。

（2）建设主管部门事故报告要求

建设主管部门接到事故报告后，应当依照下列规定上报事故情况，并通知安全生产监督管理部门、公安机关、劳动保障行政主管部门、工会和人民检察院：

①较大事故、重大事故及特别重大事故逐级上报至国务院建设主管部门；

②一般事故逐级上报至省、自治区、直辖市人民政府建设主管部门；

③建设主管部门依照规定上报事故情况时，应当同时报告本级人民政府。

国务院建设主管部门接到重大事故和特别重大事故的报告后，应当立即报告国务院。必要时，建设主管部门可以越级上报事故情况。建设主管部门按照上述规定逐级上报事故情况时，每级上报的时间不得超过 2h。

（3）事故报告的内容

事故报告的内容包括以下几点：

①事故发生的时间、地点和工程项目、有关单位名称；

②事故的简要经过；

③事故已经造成或者可能造成的伤亡人数（包括下落不明的人数）和初步估计的直接经济损失；

④事故的初步原因；

⑤事故发生后采取的措施及事故控制情况；

⑥事故报告单位或报告人员；

⑦其他应当报告的情况。

事故报告后出现新情况，以及事故发生之日起 30 天内伤亡人数发生变化的，应当及时补报。

4. 事故调查

事故调查报告的内容应包括以下几点：

①事故发生单位概况；

②发生经过和事故救援情况；

③事故造成的人员伤亡和直接经济损失；

④事故发生的原因和事故性质；

⑤事故责任的认定和对事故责任者的处理建议；

⑥事故防范和整改措施。

5. 事故处理

施工单位的事故处理包括：

①事故现场处理；

②事故登记；

③事故分析记录；

④要坚持安全事故月报制度，若当月无事故也要报空表。

建设主管部门的事故处理包括：

①对事故相关责任者实施行政处罚；

②对施工单位给予暂扣或吊销安全生产许可证的处罚；

③对事故发生负有责任的注册执业资格人员给予罚款、停止执业或吊销其注册执业资格证书的处罚。

6. 事故报告和调查处理的违法行为

政府、有关部门及有关人员的违法行为，其种类主要有以下 13 种：

①不立即组织事故抢救；

②在事故调查处理期间擅离职守；

③迟报或者漏报事故；

④谎报或者瞒报事故；

⑤伪造或者故意破坏事故现场；

⑥转移、隐匿资金、财产，或者销毁有关证据、资料；

⑦拒绝接受调查或者拒绝提供有关情况和资料；

⑧在事故调查中作伪证或者指使他人作伪证；

⑨事故发生后逃匿；

⑩阻碍、干涉事故调查工作；

⑪对事故调查工作不负责任，致使事故调查工作有重大疏漏；

⑫包庇、祖护负有事故责任的人员或者借机打击报复；

⑬故意拖延或者拒绝落实经批复的对事故责任人的处理意见。

第二节　职业健康安全与环境管理

根据有关标准及企业职业健康安全环境管理体系文件要求，建立和实施职业健康安全管理体系，充分满足员工等相关方的职业健康安全管理要求，有针对性地规范项目的职业健康安全状况和人员职业健康安全行为，不断完善职业健康安全管理体系，持续改进项目职业健康安全绩效。

一、职业健康安全与环境管理的标准与要求

（一）职业健康安全与环境管理体系标准

1. 职业健康安全管理体系标准

《职业健康安全管理体系要求》（GB/T 28001—2011）的总体结构及内容。

①总体结构：范围—规范性引用文件—术语和定义—职业健康安全管理体系要求。

②要求内容：总要求—方针—策划—实施和运行—检查和纠正措施—管理评审。危险源识别、风险评价和风险控制策划，是企业通过职业健康安全管理体系的运行实行事故控制的开端。

职业健康安全管理的结构体系，由"职业健康安全方针→策划→实施与运行→检查与纠正措施→管理评审"五大要素构成的动态循环过程组成。其建立和运行过程的特点体现在以下 6 个方面：

①结构体系采用 PDCA 循环管理模式；

②强调遵守职业健康安全相关法规；

③重点强调以人为本，使职业健康安全管理由被动强制行为转变为主动自愿行为，从而要求组织不断提升职业健康安全的管理水平；

④内容全面、充实、可操作性强，不仅要求组织强化自我约束机制，而且要求组织提升社会责任感和对社会的关注度；

⑤实施职业健康管理体系标准，组织必须对全体员工进行系统的培训，强化组织内全体成员的意识，可以增强劳动者身心健康，提高职工的劳动效率，从而为组织创造更大的经济效益；

⑥贯彻执行职业健康管理标准将有助于消除贸易壁垒，参与国际竞争。

2. 环境管理体系标准

环境是指组织运行活动的外部存在，包括空气、水、土地、自然资源、人以及它们之间的相互关系。

环境管理体系的结构系统由"环境方针→策划→实施与运行→检查与纠正措施→管理评审"五大要素构成的动态循环过程组成。

环境管理体系标准的应用原则：

①强调自愿性原则，并不改变组织的法律责任；

②有效的环境管理需建立并实施结构化的管理体系；

③着眼于采用系统的管理措施；

④环境管理体系不必成为独立的管理系统，而应纳入组织整个管理体系中；

⑤实施的关键是坚持持续改进和环境污染预防；

⑥必须有组织最高管理者的承诺和责任以及全员的参与。

（二）职业健康安全与环境管理要求

1.工程项目职业健康安全管理的基本要求

①坚持"安全第一，预防为主"和"防治结合"的方针，建立职业健康安全管理体系并持续改进职业健康安全管理工作。

②施工企业的法定代表人是安全生产的第一负责人，项目经理是施工项目生产的主要负责人；项目负责人和专职安全生产管理人员应持证上岗。

③在工程设计阶段，设计单位应对特殊结构等可能存在风险因素的环节提出安全事故预防措施和建议。

④在施工阶段，施工企业应制订职业健康安全生产技术措施计划。

⑤应明确和落实工程安全环保设施费用、安全施工和环境保护措施费等各项费用。

⑥施工企业应按有关规定必须为从事危险作业的人员在现场工作期间办理意外伤害保险。

⑦现场应将生产区与生活、办公区分离。

2.施工环境管理的基本要求

建设工程项目中防治污染的设施，必须与主体工程同时设计、同时施工、同时投产使用。建设工程项目中防治污染的设施必须经原审批环境影响报告书的环境保护行政主管部门验收合格后，该项目方可投入生产或者使用。

（三）职业健康安全与环境管理体系的建立和运行

1.职业健康安全管理体系与环境管理体系的建立

职业健康安全管理体系与环境管理体系的建立应当遵循以下步骤：

①领导决策；

②成立工作组；

③人员培训；

④初始状态评审；

⑤制订方针、目标、指标和管理方案；

⑥管理体系策划与设计；

⑦体系文件编写；

⑧文件的审查、审批和发布。

2. 体系文件编写

①体系文件包括管理手册、程序文件、作业文件。

②作业文件是指管理手册、程序文件之外的文件，包括作业指导书、管理规定、监测活动准则及程序文件引用的表格。

3. 职业健康安全管理体系与环境管理体系的维持

①内部审核是指施工企业对其自身的管理体系进行的审核，它是管理体系自我保证和自我监督的一种机制。

②管理评审是指由施工企业的最高管理者对管理体系的系统评价。

③合规性评价包括：公司级评价、每年进行一次；项目组级评价。

二、职业健康安全培训

职业健康安全培训包括职业健康安全管理体系文件培训和一般安全教育，培训和教育工作由项目安全部牵头组织实施。

培训的目的在于提高员工的安全意识，使之具有在安全环境下完成工作的能力。重点关注的是员工的上岗资格以及安全意识和能力，如技术员的上岗证、稽查人员的检查证和执法证等。根据项目管理人员的能力现状及工作需求，对于项目需要外派培训和拟请项目以外人员协助培训的，项目向公司人力资源部提出项目培训计划，按人力资源部或企划部的培训安排，组织人员参加培训。人员进场后，项目经理部、安全部和综合管理部共同组织全体管理人员（包括所属分包单位的管理人员）进行职业健康安全管理体系的培训，并做好培训记录。

职业健康安全管理体系文件培训的内容包括：公司《职业健康安全手册》、程序文件及支持性文件，项目适用的职业健康安全法律、法规，项目的职业健康安全规章制度，《项目职业健康安全手册》。

项目的一般安全教育包括入场三级安全教育、特种作业人员教育、经常性安全教育、现场安全活动、班前安全讲话、转场教育、变换工种教育等。项目的各项一般安全教育由安全部统一组织、指导，各分包单位有关人员配合完成，并留存教育记录。

（一）入场三级安全教育

新工人入场必须进行总包单位、分包单位、作业班组三级安全教育并做好记录，经总包单位安全部考试合格、登记备案后，方准上岗作业。教育时间：总包级教育为15小时，分包级教育为15小时，班组级教育为20小时。工程项目可根据工程规模及特点对各级安全教育的时间做适当的延长。

（二）特种作业人员教育

从事特种作业的人员必须经过专门的安全技术培训，经考核合格取得操作证后方可独立作业，并按特种作业人员有关管理办法要求进行年审，同时进入现场作业时应将有效的操作证复印件交总包安全部登记备案。项目总包单位对从事特种作业的人员要进行经常性的安全教育，并做好记录。

教育内容：

①特种作业人员所在岗位的工作特点，可能存在的危险、隐患和安全注意事项；

②特种作业岗位的安全技术要领及个人防护用品的正确使用方法；

③本岗位曾经发生的事故案例及经验教训。

（三）经常性安全教育

工程项目出现以下6种情况时，应对施工人员进行适时安全生产教育，做好记录，时间不少于2小时：

①因故无法完全执行安全操作规程；

②实施重大和季节性安全技术措施；

③更新仪器、设备和工具，推广新工艺、新技术；

④发生因工伤亡事故、机械损坏事故及重大未遂事故；

⑤节前假后及执行特殊施工任务；

⑥出现其他不安全因素，安全生产环境发生了变化。

（四）现场安全活动

项目各分包单位每周一开始工作前应对全体在岗工人采取适当形式开展至少1h的安全生产及法制教育活动，并做好记录。

现场安全活动的内容：

①上周安全生产形势、存在的问题及对策；

②最新安全生产信息；

③重大和季节性安全技术措施；

④本周安全生产工作的重点、难点和危险点；

⑤本周安全生产工作目标和要求。

（五）班前安全讲话

各作业班组长于每班工作开始前（包括夜间作业）必须对本组全体人员进行不少于15分钟的班前安全活动交底，并做好记录。

班前安全活动交底内容：

①本班组安全生产须知；

②本班工作中的危险点和应采取的对策；

③上一班工作中存在的安全问题和应采取的对策。

（六）相关培训记录

相关培训记录的内容：

①项目职业健康安全管理体系培训记录；

②现场安全教育记录；

③培训、教育考核成绩登记表；

④特种作业人员登记表；

⑤现场安全活动记录。

第三节 安全文明施工

我国建筑安全文明施工管理形势依然严峻，施工现场脏、乱、差的现象仍然十分普遍。只有大力推进标准化制度的建设、标准化管理体系的建设、标准化施工工艺的建设、标准化培训机构的建设、建立有效的激励约束机制，才能从根本上解决目前存在的问题。安全文明施工主要是体现在项目的实施过程中，项目中各参与方都要为安全文明施工承担相应的责任和义务。

一、安全文明施工管理程序

安全管理程序主要分为4个步骤：项目中标后及工程开工前期准备工作、施工过程管理、工程竣工总结和记录。这4个步骤与工程项目全生命周期同步进行。

（一）项目中标后及工程开工前期准备工作

①办理项目《安全施工许可证》《消防许可证》《环保许可证》《食堂卫生许可证》，以及食堂人员的《健康证》和《卫生培训证》。结合工程实际情况，编制《项目安全计划》。

②审核分包单位的分包合同、法人资格、安全组织保证体系与管理能力以及特种作业人员的配置情况。审核分包单位的《安全施工认可证》《管理人员安全生产资格证》《特

种作业人员操作证》或《特种作业人员学习证》、现场作业人员的劳务用工手续（如办理《做工证》和《暂住证》）。

③建立安全文明施工组织保证体系、各项有关管理制度和各级人员的安全生产责任制建立项目义务消防队和现场急救组织。

④在编制施工组织设计时要包含有关的安全生产文明施工的技术措施。编制并审核各项有关的安全措施和方案（如深基础施工、重要防护设施、高大异形架子等）。

⑤召开本工程项目分包单位的安全技术交底会，签发安全交底书，并与各分包单位签订。组织分包单位人员进行入场安全教育（包括特种作业人员教育）、培训及年审、换证工作。

⑥按规划对现场临时建筑、大型机械、消防器材、环保设施等进行合理布置，并对分包单位划定责任区，确定责任人。建立现场周边联络办公室，指定专人负责施工扰民等沟通处理工作。

（二）施工过程管理

①督促各级各类人员落实安全生产责任制，贯彻执行有关规章制度和各项安全技术措施。组织验收临时用电工程及各项安全防护设施、机械机具、特殊材料（如保温材料等）和重要劳动保护用品。组织现场定期和不定期安全文明施工检查，及时发现问题，制止违章，杜绝野蛮作业，消除安全隐患。

②组织现场的日常安全教育（包括转场教育、变换工种教育、季节性施工教育、节假日施工教育和特种作业人员的定期教育等）。定期组织项目的安全生产例会，掌握现场安全形势和安全动态，分析和评价各分包单位的安全工作，奖优罚劣。定期组织项目的安全活动，营造安全有序的施工环境和氛围，通过各分包单位的相互学习，提高安全管理水平。

③做好各项安全文明施工工作记录，按要求建立安全文明施工台账。接受上级有关部门的业务检查（包括"全国安全周活动"检查和创建"文明安全工地"的检查）和整改指令。

④项目及时向公司质保部报送有关的安全与文明施工报表及相关业务汇报资料等。项目安全主管要参加公司组织的安全文明施工大检查和安全系统交流会，以提高业务能力和现场管理水平。

（三）工程竣工总结

在工程竣工前整理好安全生产与文明施工有关的技术资料。做好项目安全文明施工管理工作总结，交送公司质保部。

施工现场责任区域划分记录表，做好施工扰民接待记录。

二、施工现场环境保护要求

（一）施工环境影响因素识别与评价

建筑工程施工应从噪声排放、粉尘排放、有毒有害物质排放、废水排放、固体废弃物处置、潜在的油品化学品泄漏、潜在的火灾爆炸和能源浪费等方面，对环境影响因素进行识别。

应根据环境影响的规模、严重程度、发生的频率、持续的时间、社区关注程度和法规限定等情况，对识别出的环境影响因素进行分析和评价，找出对环境有重大影响或潜在重大影响的因素，采取切实可行的措施进行控制，减少有害的环境影响。

（二）施工现场环境保护措施

1. 组织措施

项目经理全面负责施工过程中现场环境保护的管理工作。

2. 技术措施

①妥善处理泥浆水，未经处理不得直接排入城市排水设施和河流。

②除设有符合规定的装置外，不得在施工现场熔融沥青或焚烧油毡、油漆及其他会产生有毒有害烟尘和恶臭气体的物质。

③使用密封式的圈筒或采取其他措施处理高空废弃物

④采取有效措施控制施工过程中的扬尘。

⑤禁止将有毒有害废弃物用作土方回填。

⑥对产生噪声、振动的施工机械，应采取有效控制措施，减轻噪声扰民。

（三）施工现场环境污染处理

1. 大气污染的处理

①施工现场外围围挡不得低于 1.8m。

②施工现场垃圾杂物要及时清理。

③易飞扬材料入库密闭存放或覆盖存放。

④施工现场道路应硬化。

⑤禁止施工现场焚烧有毒、有害烟尘和恶臭气体的物资。

⑥拆除旧有建筑物时，应适当洒水。

⑦在城区、郊区城镇和居民稠密区、风景旅游区、疗养区及国家规定的文物保护区内施工的工程，严禁使用敞口锅熬制沥青。

2. 水污染的处理

①施工现场搅拌站的污水、水磨石的污水等必须经排水沟排放和沉淀池沉淀后再排入城市污水管道或河流，污水未经处理不得直接排入城市污水管道或河流。

②禁止将有毒有害废弃物作土方回填，避免污染水源。

③对于现场气焊使用的乙炔发生罐产生的污水严禁随地倾倒。

④施工现场存放油料、化学溶剂等设有专门的库房，必须对库房地面和高 250mm 墙面进行防渗处理，如采用防渗混凝土或刷防渗漏涂料等。领料使用时，要采取措施，防止油料跑、冒、滴、漏而污染水体。

⑤施工现场 100 人以上的临时食堂，应设置简易有效的隔油池。

⑥施工现场临时厕所的化粪池应采取防渗漏措施，防止污染水体。

3. 噪声污染的处理

①尽量降低施工现场附近敏感点的噪声强度，避免噪声扰民。

②在人口密集区进行较强噪声施工时，必须严格控制作业时间，一般避开晚 10 时到次日早 6 时的作业；对环境的污染不能控制在规定范围内的，必须昼夜连续施工时，要尽量采取措施降低噪声。

③建筑施工过程中场界环境噪声不得超过《建筑施工场界环境噪声排放标准》规定的排放限值。夜间噪声最大声级超过限值的幅度不得高于 15dB（A）。

④施工场界噪声限值表：昼间 70dB，夜间 55dB。

4. 固体废物污染的处理

在施工现场，建筑垃圾如果长期不管，随意堆放，就会占用土地资源，产生安全隐患，且对周围地表水和地下水造成污染。当前，我国建筑垃圾分类收集的程度不高，回收利用率低，垃圾处理及资源化利用技术水平相对落后。因此，在施工现场，要综合利用，做到建筑垃圾的减量化处理；尽可能做到废弃物经分拣、剔除或粉碎后，可以作为再生资源重新利用。

5. 光污染的处理

光污染处理是文明施工的重要内容之一。一般地，对施工场地直射光线和电焊眩光要控制或遮挡到位，避免对周围区域产生干扰。电焊作业应采取遮挡措施，避免电焊眩光外泄；施工现场大型照明灯安装要有俯射角度，要设置挡光板控制照明光的照射角度，应无直射光线射入非施工区；夜间施工使用的照明灯要采取遮光措施，限制夜间照明光线溢出施工场地以外范围，不对周围住户造成影响。

第八章 工程项目可持续施工的进度、成本和信息管理

第一节 工程项目进度管理

一、进度管理的概念

1. 工项目进度管理

工程项目进度管理是指在项目实施过程中，对各阶段的进展程度和项目最终完成的期限所进行的管理。其目的是保证项目能在满足其时间约束条件的前提下实现其总体目标，它是保证项目如期完成和合理安排资源供应、节约工程成本的重要措施之一。

工程项目进度管理是项目管理的一个重要方面，它与项目投资管理、项目质量管理等同为项目管理的重要组成部分。它们之间有着相互依赖和相互制约的关系：进度加快，需要增投资，但工程能够提前使用就可以提高投资效益；进度加快有可能影响工程质量，而质量控制严格，则有可能影响进度，但如因质量的严格控制而不至于返工，又会相应加快进度。因此，工程管理人员在实际工作中要对这三项工作全面、系统、综合地加以考虑，正确处理好进度、质量和投资的关系，提高工程建设的综合效益。特别是对一些投资较大的工程，如何确保进度目标的实现，往往对经济效益产生很大影响。在这三大管理目标中，我们不能只片面强调某一方面的管理，而要相互兼顾、相辅相成，只有这样才能真正实现项目管理的总目标。工程项目进度管理包括工程项目进度计划的制订和工程项目进度计划的控制两大部分。

2. 工程项目进度计划

在项目实施之前，必须先对工程项目各建设阶段的工作内容、工作程序、持续时间和衔接关系等制订出一个切实可行的、科学的进度计划，然后再按计划逐步实施。

工程项目进度计划的作用如下：

①为项目实施过程中的进度控制提供依据；

②为项目实施过程中的劳动力和各种资源的配置提供依据；

③为项目实施过程中有关各方在时间上的协调配合提供依据；

④为在规定期限内保质、高效地完成项目提供保障。

3. 工程项目进度控制

工程项目进度控制是指工程项目进度计划制订以后，在项目实施过程中，经常检查实际进度是否按进度计划要求进行，对出现的偏差分析原因，采取补救措施或调整、修改原进度计划，直至工程竣工、交付使用，以确保项目进度计划总目标得以实现的活动。

工程项目进度控制的最终目的是确保项目进度计划目标的实现，其总目标是建设工期。

4. 工程项目进度计划控制的指导思想

在进行项目进度计划控制时，人们必须明确一个指导思想，即计划不变是相对的，变是绝对的；平衡是相对的，不平衡是绝对的。因此，人们必须经常地、定期地针对变化的情况，采取对策，对原有的进度计划进行调整。

世间万物都处于运动变化之中，人们制订项目进度计划时所依据的条件也在不断变化之中。工程项目的进度受许多因素的影响，人们必须事先对影响进度的各种因素进行调查，预测它们对进度可能产生的影响，编制可行的进度计划，指导建设工作按进度计划进行。

然而在进度计划执行过程中，必然会出现一些新的或意想不到的情况，它既有人为因素的影响，也有自然因素的影响和突发事件的发生，往往造成难以按照原定的进度计划进行。因此，人们不能认为制订了一个科学合理的进度计划后就一劳永逸，放弃对进度计划实施的控制。当然，也不能因进度计划肯定要变，而对进度计划的制订不重视，忽视进度计划的合理性和科学性。正确的方法应当是，在确定进度计划制订的条件时，要具有一定的预见性和前瞻性，使制订出的进度计划尽量符合变化后的实施条件；在项目实施过程中，掌握动态控制原理不断进行验查，将实际情况与计划安排进行对比，找出偏离进度计划的原因，特别是找出主要原因，然后采取相应的措施。措施的确定有两个前提：一是通过采取措施，维持原进度计划，使之正常实施；二是采取措施后不能维持原进度计划，要对进度计划进行调整或修正，再按新的进度计划实施。不能完全拘泥于原进度计划的完全实施，也就是要有动态管理思想，否则就会适得其反，使实际进度计划总目标的根本目的难以达到。

这样不断地计划、执行、检查、分析、调整进度计划的动态循环过程，就是进度控制。

二、影响进度的因素分析

1. 影响进度的因素

影响工程项目进度的因素很多，可以归纳为人为的因素，技术因素，材料、设备与构配件的因素，机具因素，资金因素，水文、地质与气象因素，以及其他难以预料的因素等。其中，人的因素影响很多，从产生的根源看，有来源于建设单位和上级机构的；有来源于

168

设计、施工及供货单位的；有来源于政府建设主管部门、有关协作单位和社会的。现列举常见的影响因素如下：

①业主使用要求改变或设计不当而进行设计变更；

②业主应提供的场地条件不能及时或不能正常满足工程需要，如施工临时占地申请手续未及时办妥等；

③勘察资料不准确，特别是地质资料错误或遗漏而引起的未能预料的技术障碍；

④在设计、施工中采用不成熟的工艺、技术方案失当；

⑤图样供应不及时、不配套或出现差错；

⑥外界配合条件有问题，交通运输受阻，水、电供应条件不具备等；

⑦计划不周，导致停工待料和相关作业脱节，工程无法正常进行；

⑧各单位、各专业、各工序间交接、配合上的矛盾，打扰计划安排；

⑨材料、构配件、机具、设备供应环节的差错，品种、规格、数量、时间不能满足工程的需要；

⑩受地下埋藏文物的保护、处理的影响；

⑪社会干扰，如外单位邻近施工干扰、节假日交通、市容整顿的限制等；

⑫安全、质量事故的调查、分析、处理以及争执的调节、仲裁等；

⑬向有关部门提出各种申请审批手续的延误；

⑭业主资金方面的问题，如未及时向施工单位或供应商拨款；

⑮突发事件影响，如恶劣天气、地震、临时停水、停电、交通中断、社会动乱等；

⑯业主越过监理职权无端干涉，造成指挥混乱。

2. 产生干扰的原因

产生各种干扰的原因可分以下三大类：

①错误地估计了工程项目的特点及项目实现条件，包括过高地估计了有利因素和过低地估计了不利因素，甚至对工程项目风险缺乏认真分析；

②工程项目决策、筹备与实施中各有关方面工作上的失误；

③不可预见事件的发生。

3. 影响因素的分类

按照干扰的责任及其处理，又可将影响因素分为工程延误和工程延期两大类。

（1）工程延误

由承包商自身的原因造成的工期延长，称为工程延误。

工程延误所造成的一切损失由承包商自己承担，包括承包商在监理工程师的同意下所采取加快工程进度的任何措施所增加的费用。同时，由于工程延误造成工期延长，承包商还要向业主支付误期损失补偿费。

（2）工程延期

由承包商以外的原因造成施工期的延长，称为工程延期。

经过监理工程师批准的延期，所延长的时间属于合同工期的一部分，即工程竣工的时间等于标书中规定的时间加上监理工程师批准的工程延期时间。可能导致工程延期的原因有工程量增加、未按时向承包商提供图样、恶劣的气候条件、业主的干扰和阻碍等。判断工程延期的总原则就是除承包商自身以外的任何原因造成的工程延长或中断。

在工程中出现的工程延长是否为工程延期，对承包商和业主都很重要，因此应按照有关的合同条件，正确地区分工程延误与工程延期，合理地确定工程延期的时间。

三、进度控制的主要方法

工程项目进度控制的方法主要有行政方法、经济方法和管理技术方法等。

1. 进度控制的行政方法

进度控制的行政方法，是指上级单位及上级领导、本单位的领导，利用其行政地位和权力，通过发布进度指令，进行指导、协调、考核；利用激励手段（奖、罚、表扬、批评等），监督、督促等方式进行进度控制。

使用行政方法进行进度控制，其优点是直接、迅速、有效，但要提倡科学性，防止主观、武断、片面的瞎指挥。行政方法控制进度的重点应当是进度控制目标的决策和指导，在实施中应由实施者自己进行控制，尽量减少行政干涉。

通过行政手段审批项目建议书和可行性研究报告、对重大项目或大中型项目的工期进行决策、批准年度基本建设计划、制定工期定额、招投标办公室批准标底文件中的开竣工日期及总工期等，都是行之有效的控制进度的行政方法。

2. 进度控制的经济方法

进度控制的经济方法，是指有关部门和单位用经济手段对进度控制进行影响和制约。进度控制的经济方法主要有以下几种方法：建设银行通过投资投放速度控制工程项目的实施进度；在承包合同中写明有关工期和进度的条款；建设单位通过招标的进度优惠条件鼓励施工单位加快进度；建设单位通过工期提前奖励和工程延误罚款实施进度控制，通过物资的供应进行控制；等等。

3. 进度控制的管理技术方法

进度控制的管理技术方法主要是监理工程师的规划、控制和协调。所谓规划，是指确定项目的总进度目标和分进度目标；所谓控制，是指在项目进展的全过程中，进行计划进度与实际进度的比较，发现偏离，及时采取措施进行纠正。所谓协调，是指协调参加工程建设各单位之间的进度关系。

四、进度控制的措施

进度控制的措施包括组织措施、技术措施、合同措施、经济措施和信息管理措施等。

1. 组织措施

工程项目进度控制的组织措施主要如下。

①落实进度控制部门人员，具体控制任务和管理职责分工；

②进行项目分解，如按项目结构分，按项目进展阶段分，按合同结构分，并建立编码；

③确定进度协调工作制度，包括协调会议举行的时间，协调会议的参加人员等；

④对影响进度目标实现的干扰和风险因素进行分析。

2. 技术措施

工程项目进度控制的技术措施是指采用先进的施工工艺、方法等加快施工进度。

3，合同措施

工程项目进度控制的合同措施主要有分段发包、提前施工，以及合同的合同期与进度计划的协调等。

4. 经济措施

工程项目进度控制的经济措施主要涉及资金需求计划、资金供应的条件和经济激励措施等。

5. 信息管理措施

工程项目进度控制的信息管理措施主要是指通过计划进度与实际进度的动态比较，收集有关进度的信息等。

五、项目实施阶段进度控制的主要任务

项目实施阶段进度控制的主要任务有设计前的准备进度控制、设计阶段的进度控制以及施工阶段进度控制等。

1. 设计前的准备阶段进度控制

设计前的准备阶段进度控制的任务主要包括：向建设单位提供有关工期的信息，协助建设单位确定供其总目标；编制项目总进度计划；编制准备阶段详细工作计划；施工现场条件调研和分析；等等。

2. 设计阶段进度控制

设计阶段进度控制的任务主要包括编制设计阶段工作进度计划、编制详细的出图计划等。

3.施工阶段进度控制

施工阶段进度控制的任务主要包括编制施工总进度计划，编制施工年、季、月实施计划，等等。

第二节　工程项目成本控制管理

一、工程项目成本控制的含义和目的

建筑施工企业是通过招投标竞争获得施工项目承包权，经过谈判最终与项目发包人签订施工合同。合同一旦签订就确定了施工项目的合同价款。承包人的经济利益只能在项目完成过程中通过成本控制来实现。另外，施工项目是一次性的活动，在施工期间项目成本能否降低，经济效益目标能否实现都取决于承包者对项目的管理。因此，确保项目一次成功，获取相应的经济利益，就必须加强项目实施阶段的成本控制。

1.工程项目成本控制的含义

工程项目成本控制是指在成本形成过程中，按照合同规定的条件和事先制订的成本计划，对所发生的各项费用和支出，按照一定的原则进行指导、监督、调节和限制，对即将发生和已经发生的偏差进行分析研究，并及时采取有效措施控制纠正，以保证实现或超出规定的成本目标。

2.工程项目成本控制的目的

工程项目成本控制的目的是实现"项目管理目标责任书"中的责任目标。项目经理部通过优化施工方案和管理措施，确保在计划成本范围内完成质量符合规定标准的施工任务，以保证预期利益目标的实现。简而言之，工程项目成本控制就是降低项目成本、提高经济效益。

二、建筑工程项目成本控制的原则

1.政策性原则

政策性原则是指成本控制必须严格遵守国家的方针、政策、法律、法规，要正确处理好国家、集体和个人三者之间的关系，当前利益和长远利益之间的关系，以及成本和质量之间的关系。因此，在进行成本控制时应遵守着眼长远利益，服从国家集体利益，质量第一的原则。政策性原则是成本控制的重要原则，施工单位负责人和成本管理员必须严格把守，绝不能用降低工程质量的方法来降低成本，更不能偷工减料，《建设工程质量管理条例》中对违反质量的行为做出了相应处罚规定。

2. 效益性原则

效益是指经济效益和社会效益两个方面。成本控制的目的是降低成本、提高企业的经济效益和社会效益。质量提高，保修费用随之降低，工期提前，可提高社会效益，因此，每个企业在成本控制中，必须科学地处理进度、成本和质量三者之间的关系。

3. 全面性原则

全面性原则是指在成本控制中要对成本进行全面控制，全面性原则有两个含义：一是指全员参与成本控制，成本是一个综合性指标，涉及工程项目建设的各个部门、施工队组以及全体职工，因此，要求所有人都要关心成本，按计划进行成管理；二是全过程的成本控制，施工项目是指自工程施工投标开始到保修期满为止的全过程中完成的项目。其中，要经过施工准备、施工过程、竣工验收、交付使用等各阶段，每一个阶段都会发生成本，因此，要在全过程各阶段制订成本计划并按计划严格控制。

4. 责、权、利相结合

在确定项目经理和制订岗位责任制时，从项目经理到每一个管理者和操作者，就都被授予了相应的权力、给予了一定的利益，他们都有自己所承担的责任，这就体现了责、权、利相结合的原则。"责"是指完成成本控制指标的责任；"权"是指责任承担者为了完成成本控制目标所必须具备的权限；"利"是指根据成本控制目标完成的情况，给予责任承担着相应的奖惩。在成本控制中，有"责"就必须有"权"否则就完不成分担的责任，起不到控制的作用；由"责"还必须有"利"，否则就缺乏推动履行责任的动力。总之，在项目的成本控制过程中，必须贯彻"责、权、利"相结合的原则。调动管理者的积极性和主动性，使成本控制工作做得更好。

5. 目标分解控制原则

建筑施工企业的项目经理对成本管理负完全责任，在经理领导下，将成本计划目标加以分解，逐一落实到各部门和各施工队及个人，进行层层控制，分级负责，形成一个成本控制网，在施工中不断检查执行结果，发现偏差，分析原因，并及时采取纠正措施。

6. 例外管理的原则

例外管理是指企业管理人员对于成本控制标准以内问题，不必逐项过问，而应集中力量注意脱离标准差异较大的"例外"事项。这种例外管理原则是管理中较常用的一种方法，其有一定的科学性。建筑施工项目管理工作十分复杂，管理人员如果一一过问，必将分散精力，事倍功半，效果不佳。因此，在成本控制中应注意集中力量抓住"例外"事项，解决主要矛盾。

在项目施工过程中，例外事项一般有以下四种情况：

①成本差异金额较大的事项，如工资、奖金往往超支甚多；

②某些项目经常在成本控制线上下波动的事项，如间接费中的办公费、差旅费等往往超支较多，难以控制，但是如果加大力度控制，就可不超支或超支较少；

③影响企业决策的事项，如本地区工程不多，各施工企业竞争激烈，为了得到工程施工承包权，各施工企业都尽量压低标价，大大地影响企业的收入；

④性质严重的事项，如严重质量事故，是指施工企业发生大量经济损失。

三、工程项目施工的成本控制

（一）工程项目成本控制对象

1. 以工程项目成本形成过程作为控制对象

施工项目形成的过程就是成本形成的过程，一个施工项目周期包括投标阶段，施工准备阶段，施工阶段，竣工、交工和保修阶段。项目经理部应对各个全过程进行全面的控制。各阶段的控制内容如下。

（1）施工投标阶段

应根据建设项目概况和招标文件，对项目成本进行预测控制，提出投标决策的意见。

（2）施工准备阶段

应结合设计图样的自审，会审和其他资料，编制合理的施工组织设计方案。根据施工组织设计方案编制一个经济上合理、技术上先进的施工管理大纲，依据大纲编制成本计划，并且对目标成本进行风险分析，对成本进行事前控制。

（3）施工阶段

应根据施工预算、施工定额和费用开支标准等对实际发生的费用进行控制；还要依据企业制定的《劳务工作管理规定》《机械设备租赁管理办法》《工程项目成本核算管理标准》等制度进行制度控制；由于业主或设计的变更，对变更后的成本调整进行控制。

（4）竣工、交工和保修阶段

应对竣工验收过程中所发生的费用和保修期内的保修费和维修费进行控制。

2. 以施工项目的职能部门、施工队组作为成本控制对象

项目成本由直接费和间接费组成。直接费是指工程项目实体的费用；间接费是指企业为组织和管理施工项目而分摊到该项目上的经营管理费。这些费用每天都会发生，而且都发生在项目经理部各部门、各施工队和各班组。项目成本控制的具体内容是控制每天所发生的各种费用或损失。因此，项目经理部应把各部门、各施工队组作为成本控制的对象，对他们进行指导、监督、检查和考核。

3. 以分部分项工程作为成本的控制对象

根据项目目标分解，一个单位工程划分为若干分部工程，每个分部工程又包含许多分项工程。因此，施工项目还必须把分项工程和分部工程作为成本控制的对象。编制分项分部工程施工预算，作为成本控制的依据。分部分项工程施工预算见表8-1。

表8-1 分部分项工程施工预算

工程名称：		施工面积：		工程造价：							
开工日期：		开工地点：									
分项工程编号	分项工程工序名称	单位	工程量	定额数量金额	名称						
					规格						
					单位						
					单价						
				定额							
				数量							
				金额							
				定额							
				数量							
				金额							

（二）工程项目成本控制的内容

工程项目成本控制的内容一般包括成本预测、成本决策、成本计划，成本控制、成本核算、成本分析、成本考核七个环节。

（1）成本预测

成本预测是成本控制中实现成本管理的重要手段。项目经理必须认真做好成本预测工作，以便在日后的施工活动中对成本指标加以有效控制，努力实现制定的成本目标。

（2）成本决策

项目经理部根据成本预测情况，经过科学的分析、认真的研究，决策出建筑施工项目的最终成本。

（3）成本计划

成本计划是指以货币化的形式编制项目施工在计划工期内的费用、成本水平、降低成本的措施与方案。成本计划的编制要符合实际并留有一定的余地。成本计划一经批准，其各项指标就可以作为成本控制、成本分析和成本考核的依据。

（4）成本控制

成本控制是加强成本管理和实现成本计划的重要手段。科学的成本计划，如果不加强控制力度，那么难以实现，难以保证成本目标的实现。施工项目的成本控制应贯穿于整个过程。

（5）成本核算

成本核算是对施工项目所发生的费用支出和工程成本形成的核算。项目经理部应认真组织成本核算工作。成本核算提供的费用资料是成本分析、成本考核和成本评价以及成本预测和决策的重要依据。

（6）成本分析

成本分析是对施工项目实际成本进行分析、评价，为以后的成本预测和降低成本指明努力的方向。成本分析应贯穿于项目施工的全过程。

（7）成本考核

成本考核是对成本计划执行情况的总结和评价。建筑施工项目经理部根据现代化管理的要求，建立健全成本考核制度，定期对各部门完成的成本计划指标进行考核、评比，并把成本管理经济责任制和经济利益结合起来。通过成本考核有效地调动职工的积极性，为降低施工项目成本，提高经济效益，做出自己的贡献。

（三）施工阶段成本管理

1.施工阶段成本控制措施

施工阶段成本控制需要采取多种措施，不应只靠控制工程款支付来实现，施工阶段的成本控制措施主要包括组织、经济、技术、合同四个方面。

（1）组织措施

①建立合理的项目组织结构。

②落实造价控制的人员、任务分工和职能分工。

③编制本阶段投资控制工作计划和详细的工作流程，如支付程序、采购程序等。

④委托聘请有关专家。

（2）经济措施

①编制资金使用计划，确定分解投资控制目标。

②进行工程计量。

③复核工程款支付账单，签发付款证书。

④在施工过程中进行投资跟踪控制，定期地进行投资实际支出值与计划目标值的比较；发现偏差，分析原因，采取纠偏措施。

⑤对工程施工过程中的投资支出进行分析、预测、监督、控制等动态管理活动。

⑥对合理化建议进行奖励。

（3）技术措施

①对设计变更进行技术经济分析，严格控制设计变更。

②继续寻找通过改进技术方案，挖掘节约投资的可能。

③审核承包商编制的施工组织计划，对主要方案进行技术经济分析。

（4）合同措施

①做好工程施工记录，保存各种文件图纸，特别是注有实际施工变更情况的图纸。

②参与处理索赔事宜。

③参与合同修改、补充工作，着重考虑它对投资的影响。

2. 承包商施工阶段成本计划与控制

施工阶段成本管理是承包商能否赢利的关键，是承包商项目管理的核心。从成本计划与控制的理论与方法来看，承包商施工阶段的成本计划与控制和建设单位施工阶段的成本计划与控制是一致的。两者的成本计划与控制均需贯彻主动控制、动态控制、三全控制和PDCA 管理等原则，均包含组织措施、技术措施、经济措施和管理措施等。

但是由于承包商和建设单位属于合同承发包双方不同的利益主体，双方在施工过程中有不同的责、权、利，需要承担不同的风险因素，因此，双方在成本控制中的目标、措施均存在差异，甚至是相反或对立的。例如，施工中的承包商成功的索赔可能意味着建设单位的费用超支，甚至失控。

3. 施工阶段投资控制的主要工作内容

施工阶段投资控制工作，一方面受设计阶段投资控制成果质量的影响，另一方面与参与该阶段工作的单位和人员有关。因此，该阶段的投资控制工作需实行全员参与、全面控制与重点控制相结合、目标控制与过程控制相结合，以优良的控制工作质量来确保该阶段的投资控制效果。

在施工阶段，以下 6 个方面对工程造价有明显的影响，应构成施工阶段造价控制的主要工作内容：

①投资目标的分解（资金使用计划的编制）；

②不同的施工方案对造价的影响；

③工程计量与价款结算；

④工程变更的控制；

⑤索赔控制；

⑥投资偏差分析。

4. 施工方案的技术经济分析

施工方案优化选择是降低工程成本的主要途径。施工方案的确定主要包括以下 4 个要点：

①施工方法的确定；

②施工机具的选择；

③施工顺序的安排；

④施工平面的布置。

制订施工方案要以合同工期为依据，综合考虑项目规模、性质、复杂程度、现场条件、装备情况、人员素质等因素。

按照平面流水、立体交差的作业原则，合理地确定工程施工网络设计，保证工作面无闲置，流水施工，土建和安装的各班组协调有序地作业，不窝工。安排中既要考虑机械设备的合理调度使用，又要考虑原材料的需用量和库存量，杜绝积压、闲置、浪费。

在施工阶段，为完成同样的分部分项工程可以同时制订多个施工方案，应相互比较，从中优选最合理、最经济的施工方案。

施工方案的优选原则是"科学、经济、合理"。建设单位对施工组织设计的审查应注意以下要点：

①施工组织设计的编制与审批（主要是编制责任人和编制程序的确定）；

②审查包括技术可行性和经济合理性两个方面，对施工方案进行技术经济分析；

③发包人应认真审核承包人的方案或措施，以减少由于不合适的方案或不必要的措施所带来的额外费用支出；

④施工组织设计审查中应注意对施工进度计划的审查；

⑤对施工组织设计的审查应注意承包人施工组织设计的针对性、可操作性；

⑥特殊、大型、复杂化的项目对项目施工方案的内容、制订过程、关键技术路线和采取措施等提出了新的要求，针对此类项目，应借助理论、实践和专家进行创新研究，优秀的施工方案创新，通常会带来巨大的成本节约。

第三节　工程项目信息管理

一、工程项目信息管理概述

信息管理在工程项目管理中是最薄弱的工作环节，多数施工企业的信息管理还相当落后，其落后表现在对信息管理的理解，以及信息管理的组织、方法和手段基本上还停留在传统的方式和模式上。工程项目的信息包括在项目决策过程、实施过程（设计准备、设计、施工和物资采购环节等）和运行过程中产生的信息，以及其他与项目建设有关的信息。它包括项目的组织类信息、管理类信息、经济类信息、技术类信息和法规类信息。通过信息技术在工程项目管理中的应用，首先能够实现各类信息存储相对集中。这有利于工程项目信息的检索和查询、数据和文件版本的统一，以及工程项目的文档管理；其次能够实现各类信息处理的程序化、数字化和电子化，这有利于提高数据处理的准确性及保密性，以及提高数据处理的效率；最后能够实现各类信息获取更加便捷，提高信息透明度，这有利于工程项目各参与方之间的信息交流和协同工作。工程项目的实施需要人力资源和物质资源，应认识到信息也是项目实施的重要资源之一。

信息管理是指信息传输的合理组织和控制。工程项目的信息管理是指通过对各个系统、各项工作和各种数据的管理，使项目的信息能方便、有效地获取、存储、处理和交流。工程项目信息管理的目的旨在通过有效的项目信息传输的组织和控制为项目建设增值服务。根据国际有关文献资料，工程项目实施过程中存在的诸多问题中，2/3 与信息交流和沟通的问题有关，工程项目 10% ～ 33% 的费用增加与信息交流存在的问题有关，在大型工程项目建设中，信息交流的问题导致工程变更和工程实施的错误约占工程总成本的 3% ～ 5%，由此可见工程管理信息化有利于提高工程项目的经济效益和社会效益，达到为项目建设增值的目的。

二、工程项目信息管理的任务

1. 信息管理手册

项目各参与方都有各自的信息管理任务，为充分利用和发挥信息资源的价值、提高信息管理的效率，实现有序的和科学的信息管理，各方都应编制各自的信息管理手册，以规范信息管理工作。信息管理手册描述和定义了信息管理做什么、谁来做、什么时候做和其工作成果是什么等。它的主要内容包括以下几点：

①信息管理的任务（信息管理任务目录）；

②信息管理的任务分工表和管理职能分工表；

③信息的分类；

④信息的编码体和编码；

⑤信息输入、输出模型；

⑥各项信息管理工作的工作流程图；

⑦信息流程图；

⑧信息处理的工作平台及其使用规定；

⑨各种报表、报告的格式，以及报告周期；

⑩工程项目进展的月度、季度、年度报告和工程总报告的内容及其编制；

⑪工程档案管理制度；

⑫信息保密管理制度。

2. 信息管理部门的工作任务

工程项目管理班子中各个工作部门的管理工作都与信息处理有关，而信息管理部门的主要工作任务：

①编制项目信息管理手册，在项目实施过程中进行信息管理手册的必要修改和补充，并检查执行情况；

②协调和组织项目管理班子中各个工作部门的信息处理工作；

③信息处理工作平台的建立和运行维护；

④与其他工作部门协同组织信息的收集、处理，并形成各种反映工程项目进展和目标控制的报表和报告；

⑤工程项目档案管理。

3.信息管理工作流程

工程项目信息管理的工作流程，如图 8-1 所示。

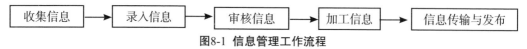

图8-1 信息管理工作流程

由于工程项目大量数据处理的需要，应充分重视利用信息技术的手段进行信息管理，其核心的手段是基于网络的信息处理平台。国际上，许多工程项目都专门设立信息管理部门，以确保信息管理工作的顺利进行，也有一些大型工程项目专门委托咨询公司从事项目信息的动态跟踪和分析，以信息流指导物质流，从宏观上对工程项目的实施进行控制。

三、工程项目信息的处理

（一）工程项目信息的分类

工程项目各参与方可根据各自的工程项目管理需求确定其信息管理的分类，也可以从不同的角度对工程项目的信息进行分类：按项目管理工作的对象，即按项目的分解结构，如子项目 1、子项目 2 等进行信息分类；按项目实施的工作流程，如设计准备、设计、招投标和施工过程等进行信息分类；按项目管理工作的任务，如投资控制、进度控制、质量控制等进行信息分类；按信息的内容属性，如组织类、管理类、经济类、技术类和法规类等进行信息分类。

为满足工程项目管理工作的要求，往往需要对项目信息进行综合分类，即按多维进行分类，如第一维按项目的分解结构，第二维按项目实施的工作过程，第三维按项目管理工作的任务。为了方便信息交流和实现部分信息共享，应尽可能统一分类，如项目的分解结构应统一。

某工程项目信息分类应包括如下内容。

①组织类信息：编码信息、单位组织信息、项目组织信息、项目管理组织信息、前期技术信息、设计技术信息、质量控制信息、材料设备技术信息、施工技术信息、竣工验收技术信息。

②管理类信息：进度控制信息、合同管理信息、某工程项目信息、风险管理信息、安全管理信息、投资控制信息、工作量控制信息。

（二）工程项目信息的编码

编码是信息处理的一项重要的基础工作。编码由一系列符号（如文字）和数字组成，一个工程项目有不同类型和不同用途的信息。为了有组织地存储信息，方便信息的检索和信息的加工整理，必须对项目的信息进行编码。

1. 项目结构编码

项目的结构编码依据项目结构图，对项目结构的每一层的每一个组成部分进行编码。项目结构的编码和用于成本控制、进度控制、质量控制、合同管理和信息管理等管理工作的编码虽有紧密的联系，但它们之间又有区别。项目结构图和项目结构的编码是编制上述其他编码的基础。某工程项目进度计划的一个工作项的综合编码由计划平面编码、工作类别编码、项目结构编码、工作项编码、项目参与单位编码五部分组成。

2. 项目管理组织结构编码

项目管理组织结构编码是指依据项目管理的组织结构图，对每一个工作部门进行编码。项目的政府主管部门和各参与单位的编码包括政府主管部门、业主方的上级单位或部门、金融机构、工程咨询单位、设计单位、施工单位、物资供应单位、物业管理单位等。

3. 项目实施工作项编码

项目实施的工作项编码应覆盖项目实施工作任务目录的全部内容，包括设计准备阶段的工作项、设计阶段的工作项、招投标工作项、施工和设备安装工作项、项目动工前的准备工作项等。

4. 项目的投资项与成本项编码

项目的投资项编码并不是概预算定额确定的分部分项工程编码，而是综合考虑概算、预算、标底、合同价和工程款的支付等因素建立统一的编码，以服务于项目投资目标的动态控制。项目成本项编码也不是预算定额确定的分部分项工程编码，而是综合考虑预算、投标价估算、合同价、施工成本分析和工程款的支付等因素建立统一的编码，以服务于项目成本目标的动态控制。

5. 项目进度项编码

项目的进度项编码应综合考虑不同层次、不同深度和不同用途的进度计划工作项的需要，建立统一的编码，服务于项目进度目标的动态控制。项目进展报告和各类报表编码应包括项目管理形成的各种报告和报表的编码。

6. 项目合同编码

合同编码应参考项目的合同结构和合同分类，准确反映合同的类型、相应的项目结构和合同签订的时间等特征。

7. 项目函件编码

项目函件编码应反映发函者、收函者、函件内容所涉及的分类和时间等，以便函件的查询和整理。

8.项目档案编码

项目档案的编码应根据有关工程档案的规定、项目的特点和项目实施单位的需求而建立。

由此可知，这些编码是因不同的用途而编制的，如投资项编码（业主方）/成本项编码（施工方）服务于投资控制工作/成本控制工作、进度项编码服务于进度控制工作。但是有些编码并不是针对某一项管理工作而编制的，如投资控制/成本控制、进度控制、质量控制、合同管理、编制项目进展报告等都要使用项目的结构编码，因此，就需要进行编码组合。

（三）工程项目信息的处理

为了充分发挥信息资源的价值以及信息对项目目标控制的作用，工程项目信息的处理应由传统方式向基于网络信息处理平台方向发展。网络信息处理平台主要由三个部分构成。第一部分是数据处理设备，包括计算机、打印机、扫描仪、绘图仪等。第二部分是数据通信网络，包括形成网络的有关硬件设备和相应的软件等。数据通信网络主要有三种类型，分别是局域网、城域网以及广域网。局域网（LAN）是由与各网点连接的网线构成的网络；城域网（MAN）是指在大城市范围内两个或多个网络的互联而形成的网络；广域网（WAN）是指在数据通信中，用来连接分散在广阔地域内的大量终端和计算机的一种多态网络。第三部分是软件系统，包括操作系统和服务于信息处理的应用软件等。

工程项目各参与方往往分散在不同的地点、不同的城市，或不同的国家，因此，其信息处理应充分考虑利用远程数据通信的方式。目前，工程项目数据通信的方式主要有以下几种：

①通过电子邮件收集和发布信息；

②通过基于互联网的项目专用网站实现项目各参与方之间的信息交流、协同工作和文档管理；

③召开网络会议；

④基于互联网的远程教育与培训。

四、施工项目信息管理

（一）施工项目信息的内容

1.施工项目信息的分类

施工项目信息的主要分类见表8-2。

表8-2 施工项目信息的主要分类

依据	信息分类	主要内容
管理目标	成本控制信息	施工项目成本计划、施工任务单、限额领料单、施工定额、成本统计报表、对外分包经济合同、原材料价格、机械设备台班费、人工费、运杂费等
	质量控制信息	国家或地方政府部门颁布的有关质量政策、法律、法规和标准等，质量目标的分解图表、质量控制的工作流程和工作制度、质量管理体系构成、质量抽样检查数据，各种材料和设备的合格证、质量证明书、检测报告等
	进度控制信息	施工项目进度计划、施工定额、进度目标分解图表、进度控制工作流程和工作制度、材料和设备到货计划、各分部分项工程进度计划、进度记录等
	安全控制信息	施工项目安全目标、安全控制体系、安全控制组织和技术措施、安全教育制度、安全检查制度、伤亡事故统计、伤亡事故调查与分析处理等
生产要素	劳动力管理信息	劳动力需用量计划、劳动力流动、调配等
	材料管理信息	材料供应计划、材料库存、储备与消耗、材料定额、材料领发及回收台账等
	机械设备管理信息	机械设备需求计划、机械设备使用情况、保养与维修记录等
	技术管理信息	各项技术管理组织体系、制度和技术交底、技术复核、已完工程的检查验收记录等
	资金管理信息	资金收支金额及其对比分析、资金来源渠道和筹措方式等
管理工作流程	计划信息	各项计划指标、工程施工预测指标等
	执行信息	项目施工过程中下达的各项计划、指示、命令等
	检查信息	工程的实际进度、成本、质量的实施状况等
	反馈信息	各项调整措施、意见、改进的办法和方案等
信息来源	内部信息	工程概况、施工项目的成本目标、质量目标、进度目标、施工方案、施工进度、完成的各项技术经济指标、项目经理部组织、管理制度等
	外部信息	监理通知、设计变更、国家有关的政策及法规、国内外市场的有关价格信息、竞争对手信息等
信息稳定程度	固定信息	施工定额、材料消耗定额、施工质量验收统一标准、施工质量验收规范、生产作业计划标准、施工现场管理制度、政府部门颁布的技术标准、不变价格等
	流动信息	施工项目的质量、成本、进度的统计信息、计划完成情况、原材料消耗量、库存量、人工工日数、机械台班数等

续表

依据	信息分类	主要内容
信息性质	生产信息	施工进度计划、材料消耗等
	技术信息	技术规范施工方案、技术交底等
	经济信息	施工项目成本计划、成本统计报表、资金耗用等
	资源信息	资金来源、劳动力供应、材料供应等
信息层次	战略信息	提供给上级领导的重大决策性信息
	策略信息	提供给中层领导部门的管理信息
	业务信息	基层部门例行性工作产生的或需用的日常信息

2. 施工项目信息的表现形式

施工项目信息的表现形式主要有书面形式、技术形式与电子形式三种。其中，书面形式是施工项目信息最主要的表现形式，包括设计图纸、说明书、任务书、施工组织设计、合同文本、概预算书、各类报表、工作条例、规章、制度，会议纪要、技术交底记录、工作研讨记录，工程变更文件记录、电话记录等。技术形式的施工项目信息主要包括电报、录像、录音、磁盘光盘、图片、照片等记载储存的信息。电子形式的施工项目信息主要是指电子邮件等信息。

3. 施工项目信息结构

施工项目信息结构由施工项目公共信息及施工项目个体信息两大系统组成。施工项目信息结构与内容如表 8-3 所示。

图8-3 施工项目信息结构与内容

结构	信息分类	主要内容
施工项目公共信息	政策法规信息	有关的政策、法律、法规和部门、企业的规章制度
	自然条件信息	工程项目所在地气象、地貌、水文地质资料等
	市场信息	材料设备的供应商及价格信息、新技术、新工艺等
	其他公共信息	—

续表

结构	信息分类	主要内容
施工项目个体信息	工程概况信息	工程实体概况、工程造价计算书、场地与环境交通概况、参与建设各单位概况、社会环境、施工合同等
	商务信息	施工图预算、中标的投标书、合同、工程款、索赔等
	组织协调信息	项目内部关系协调、项目经理部与外层关系协调等
	施工记录信息	施工日志、质量检查记录、材料设备进场及消耗记录、关于项目施工监理指令、设计变更记录等
	技术管理信息	材料、成品、半成品、构配件、设备出厂质量证明，施工试验、预检、隐蔽工程验收、基础、结构验收、设备安装等记录，施工组织设计、技术交底、工程质量验收、设计变更洽商记录、竣工验收资料、竣工图等
	进度控制信息	进度计划、WBS工作包
	质量控制信息	国家或地方政府部门颁布的有关质量政策、法令、法规和标准等，质量目标的分解图表、质量控制的工作流程和工作制度、质量管理体系构成、质量抽样检查数据，各种材料和设备的合格证、质量证明书、检测报告等
	成本控制信息	降低成本计划，责任成本目标、实际成本、成本分析
	安全控制信息	安全管理制度及组织措施、安全交底、安全设施验收、安全教育、安全检查、复合整改、安全事故与处罚等
	合同管里信息	合同履约情况、合同变更等
	资源管理信息	劳动力、材料、构件、半成品、机械设备和资金等需求量计划及消耗统计
	现场管理信息	施工现场管理规定和有关法规，现场环境保护、文明施工、防火保安、卫生防疫、场容规范等要求，现场评比记录等
施工项目个体信息	风险管理信息	风险分析、风险识别以及风险防范
	行政管理信息	会议通知记录、来往信函文件
	竣工验收信息	项目质量合格证、单位工程竣工质量核定表、竣工验收证明书、技术资料移交表、结算、回访与保修等
	考核评价信息	对项目的质量、工期、成本、经济效益统计分析、对项目经理部的考核评价
	其他信息	—

（二）施工项目信息的管理

施工项目信息管理是指施工企业以项目管理为目标，以施工项目信息为管理对象所进行的有计划地收集、处理、储存、传递、应用各类信息的一系列工作。企业为实现项目管理的信息化，取得良好的经济效果，应做好以下几方面工作。

1.明确施工项目管理中的信息流程

根据施工项目管理工作的要求和对项目组织结构、业务功能以及流程的分析，建立各部门及人员之间、上下级之间、内外之间的信息连接，并要保持信息流动渠道的畅通有序，否则施工项目管理人员无法及时得到必要的信息，就会失去控制的基础、决策的依据和协调的媒介，将影响施工项目顺利进行。

2.建立施工项目管理中的信息收集制度

对施工项目的各种原始信息来源、信息内容、信息标准、信息时间要求、信息传递途径、信息反馈范围、责任人员的工作职责、工作程序等有关问题做出具体规定，形成制度并认真执行，以保证原始资料的全面性、及时性、准确性和可靠性。为了便于信息的查询使用，一般是将收集的信息填写在项目目录清单上，再输入管理系统，其格式见表8-4。

表8-4 项目目录清单

序号	项目名称	项目电子文档名称	单位工程名称	单位工程电子文档名称	负责部门	负责人	日期	附注
1								
2								
3								
...								
N								

3.施工项目管理中的信息处理

施工项目管理中的信息处理主要包括信息的收集、加工、传输、存储、检索和输出等工作，其内容见表8-5。

表8-5 信息处理的工作内容

工作	工作内容
收集	收集原始资料，要求资料及时、完整、准确、可靠
加工	对所收集的资料进行筛选、校核、分组、排序、汇总、计算平均数等整理工作，建立索引或目录文件；将基础数据综合成决策信息；对数据进行统计分析和预测
传输	借助纸张、图片、胶片、磁带软盘、光盘、计算机网络等载体传递信息
存储	将各类信息存储建立档案，妥善保管，以备随时查询使用
检索	建立一套科学迅速的检索方法，便于查找各类信息
输出	将处理好的信息按各管理层的不同要求，编制打印成各种报表和文件，或以电子邮件、Web网页等形式发布

参考文献

［1］李永峰，乔丽娜，张洪，等. 可持续发展概论［M］. 哈尔滨：哈尔滨工业大学出版社，2013.

［2］胡鹏，郭庆军. 工程项目管理［M］. 北京：北京理工大学出版社，2017.

［3］叶堃晖. 工程项目管理［M］. 重庆：重庆大学出版社，2017.

［4］施骞. 工程项目可持续建设与管理［M］. 上海：同济大学出版社，2007.

［5］施炯. 建设工程项目管理［M］. 杭州：浙江工商大学出版社，2015.

［6］李明顺，叶志刚. 公路建设项目可持续发展研究［M］. 北京：冶金工业出版社，2013.

［7］中国工程咨询协会. 工程项目管理指南［M］. 天津：天津大学出版社，2013.

［8］乐云. 建设工程项目管理［M］. 北京：科学出版社，2013.

［9］韩少男. 工程项目管理［M］. 北京：北京理工大学出版社，2019.

［10］李志强. 从全寿命周期理论和可持续发展角度实施建设工程项目管理［J］. 科技风，2008（10）.

［11］曹吉鸣，邓婷，张军青. 我国工程项目可持续管理的经验借鉴与对策［J］. 建筑经济，2010（11）.

［12］陈静. 浅谈建筑工程项目的可持续发展管理［J］. 建材与装饰，2019（24）.

［13］李琴. 工程项目可持续建设体系的发展［J］. 建筑工程技术与设计，2017（17）.

［14］黄延玲. 工程项目可持续建设的应用研究［D］. 上海：同济大学，2009.

［15］毛小平. 工程项目可持续建设的流程优化研究［D］. 南京：东南大学，2012.